LES
ENFANTS EN PRISON

ÉTUDES ANECDOTIQUES
SUR L'ENFANCE CRIMINELLE

PAR

Guy TOMEL
Du *Journal des Débats*

Henri ROLLET
AVOCAT A LA COUR D'APPEL

PARIS
LIBRAIRIE PLON
E. PLON, NOURRIT et Cⁱᵉ, IMPRIMEURS-ÉDITEURS
RUE GARANCIÈRE, 10

—

1891

ENFANTS EN PRISON

PARIS. — TYP. DE E. PLON, NOURRIT ET Cie, RUE GARANCIÈRE, 8.

LES
ENFANTS EN PRISON

ÉTUDES ANECDOTIQUES
SUR L'ENFANCE CRIMINELLE

PAR

Guy TOMEL	Henri ROLLET
Du *Journal des Débats*	AVOCAT A LA COUR D'APPEL

PARIS
LIBRAIRIE PLON
E. PLON, NOURRIT et Cᵉ, IMPRIMEURS-ÉDITEURS
RUE GARANCIÈRE, 10
—
1891

AVANT-PROPOS

Le livre que nous présentons aujourd'hui au public se défend de toute idée dogmatique et de tout esprit de système.

Dans le problème si difficile du relèvement moral de l'enfance délinquante, problème qui préoccupe à l'heure actuelle les penseurs de toutes les nations civilisées, vouloir trouver une solution uniforme, applicable à tous les cas, est chimère.

De même qu'il n'y a pas sur terre deux feuilles d'arbres qui soient rigoureusement identiques, de même il ne se rencontre pas deux enfants dont les natures et les cœurs soient rigoureusement semblables. Le législateur, néanmoins, étant obligé de légiférer par

catégories, nous avons dû, pour examiner son
œuvre, grouper sous des rubriques collectives
les enfants que nous étudions, et pour chacune
d'elles indiquer les améliorations légales qui se
peuvent obtenir plutôt par un changement de
procédure que par la lente intervention parle-
mentaire. Nos lois ne sont point parfaites,
mais, telles qu'elles sont, en les employant
différemment, on pourrait leur faire rendre de
meilleurs effets.

C'est ce que nous avons essayé de démontrer au cours de ces pages. Si nos idées à cet
égard ne trouvaient pas l'écho que nous espérons, si l'expérience devait en infirmer plusieurs, il resterait néanmoins de ce travail
quelque chose qui pourrait être utile : les
documents recueillis avec soin et avec exactitude sur les cas psychologiques que nous
traitons.

A ceux qui nous reprocheraient d'avoir
réuni ici trop d' « historiettes », nous répon-
drons que chacune d'elles est un rigoureux
procès-verbal, et que cette accumulation d'ob-

servations sincères nous semble, plus que toute
autre chose, propre à éclairer la religion du
lecteur.

Nous espérons donc que ces pages seront
lues avec une bienveillante attention par les
personnes qui aiment les enfants et s'y intéressent. Ceux dont nous parlons dans ce livre,
à quelque échelon qu'ils soient de la criminalité,
ont tous un lien commun, et celui-là, hélas!
n'a rien de fictif : ils sont tous malheureux.
Ceux-là, Lamartine les oubliait quand il écrivait :

> Pourquoi Dieu mit-il donc le bonheur de la vie
> Tout au commencement?...

Notre peine ne sera point perdue si, à défaut
de réformes, nous avons pu, en leur faveur,
glaner un peu de pitié.

PREMIÈRE PARTIE

—

L'ENFANT ET LA SOCIÉTÉ

LES PETITS VAGABONDS

L'inculpation qui amène le plus d'enfants à la barre des tribunaux correctionnels est celle de vagabondage. Sur les 2102 mineurs de seize ans arrêtés à Paris, au cours de l'année 1890, 855 étaient des vagabonds.

On se sent, d'instinct, disposé à une grande indulgence pour ce délit d'invention moderne qui n'était, autrefois, dans notre pays même, et n'est encore, aujourd'hui, dans la moitié du monde, qu'une forme de la liberté. Si, en Algérie, pour ne pas sortir des terres françaises, il fallait mettre à la geôle tous ceux de nos Arabes qui ne possèdent ni gourbis, ni douros dans leur djébira, le génie militaire ne trouverait pas assez de pierres pour édifier des prisons. Or, combien de nos petits Français sont Arabes par leur nature

1

nomade, les uns plus pauvres et non moins orphelins que les biskris cireurs de bottes, les autres
plus indolents et plus paresseux que tous les
Orientaux en burnous! Vérité au pays du soleil,
erreur au pays des brouillards!

Il y a plus.

Lequel d'entre nous, à certaines heures de
l'existence, ne s'est senti le désir de rompre
avec les conventions sociales, ou, plus simplement, de briser le cercle de son horizon, pour
partir à la recherche de l'inconnu? Mettez de
l'argent dans la poche du vagabond, vous en
faites un touriste. Le sportsman et le délinquant
ne sont séparés que par l'épaisseur de quelques
pièces de cent sous.

On peut diviser les enfants qui viennent
échouer à la 11e chambre sous prévention de
vagabondage, en :

Vagabonds par tempérament;

Vagabonds par indolence;

Vagabonds par occasion ou par indigence.

VAGABONDS PAR TEMPÉRAMENT

Ceux-ci sont les plus intéressants, je dirai presque les plus poétiques, en raison du rôle que l'imagination joue dans leur état psychologique.

Ils appartenaient bien à cette catégorie, tous ces enfants que nous avons vus arriver à la Petite Roquette, pendant l'Exposition de 1889, et qui venaient de partout, de l'Est, de l'Ouest, du Nord, du Midi, d'Algérie même et de l'étranger, hypnotisés par le désir de voir la tour Eiffel.

Nous nous rappellerons toujours le petit Charles T..., haut comme une botte, âgé de sept ans et demi, ramassé une belle nuit d'été aux Champs-Élysées par une ronde de police et conduit au Dépôt de la préfecture. Pieds nus, vêtu d'une chemise et d'un tablier, portant au dos le numéro matricule du dépôt, il avait été placé dans le quartier des femmes, à côté des orphelins destinés à l'Assistance publique. Il regardait avec étonnement les longues files de cellules, mais ne pleurait pas et racontait volontiers son histoire. Elle était simple, et en voici le résumé, vérifié par l'enquête de la préfecture de police.

Il habitait avec sa mère, veuve et remariée, dans une ville de Seine-et-Marne. Ses parents ne s'occupaient guère de lui et le laissaient à son gré errer par les rues. Or, au coin des carrefours, les camarades plus âgés, délaissant billes et toupies, se groupaient en cercle et écoutaient les plus malins, expliquant que, là-bas, à Paris, on avait construit une tour, toute en fer, haute dix fois comme l'église, plus haute que la montagne d'en face, sur laquelle tout le monde pouvait monter et d'où l'on découvrait tout Paris... Quelques-uns disaient toute la France. — Oui! certainement, avec des grandes lunettes!...

Charles ne disait rien; il était trop petit; personne ne se serait intéressé à ses discours; mais dans sa minuscule cervelle un plan germait déjà : « Les autres en parlent... moi, je la verrai. » Et trottinant il reprenait le chemin du logis maternel, recueillant encore sur le pas des portes les lambeaux de conversation des commères, où revenaient comme un refrain magique ces deux mots : « Tour Eiffel. »

C'était donc bien vrai ; ça existait, cette merveille, puisque tout le monde en parlait, les enfants et les parents.

Un beau jour, sans avoir prévenu personne, il enfouit dans sa petite poche le morceau de pain de son goûter et il partit.

En route, ses souliers, déjà fort usés, l'abandonnèrent. Il ne s'arrêta pas pour si peu, et, mendiant dans les fermes où l'on a le cœur bon et l'assiette de soupe facile pour les petits vagabonds qui n'ont pas l'œil trop farouche, il arriva jusqu'aux fortifications. Là, tout d'une traite, il courut au Champ de Mars, perdant, dans les rues trop étroites, la vue du colosse de fer, mais le retrouvant pour se guider par les échappées des quais et la perspective des boulevards. Au Champ de Mars, cruelle désillusion ! il se heurta contre une longue balustrade qui défendait l'accès de la tour. Il longea plusieurs fois le périmètre de l'enceinte, cherchant à se faufiler par toutes les portes. Vains efforts ! à chaque ouverture un monsieur en casquette galonnée lui demandait vingt sous d'entrée. Vingt sous ! est-ce qu'il avait jamais possédé pareille somme ! Alors il s'assit très triste sur le rebord d'un trottoir. Des dames, le voyant déguenillé et les larmes aux yeux, s'approchèrent et lui donnèrent quelques petits sous. Il aurait voulu les garder pour tâcher d'arriver jusqu'à vingt; mais, comme il avait très faim, et qu'à Paris on ne donne pas d'écuelle de soupe aux petits enfants des rues, il entra chez un boulanger et mangea tout son capital. Trois jours de suite les mêmes tentatives se renouvelèrent; le quatrième, la police le ramassa.

Nous obtinmes l'autorisation de faire sortir le gamin du dépôt et le conduisîmes à l'asile temporaire du « Sauvetage de l'enfance », qui était alors ouvert à la porte du Palais.

Le lendemain, Charles avait tout à fait bon air, avec sa petite frimousse bien débarbouillée, son costume bleu marin et son large chapeau de paille. Nous l'avons mené à l'Exposition, car il se serait certainement enfui si nous ne lui avions procuré le plus vite possible la réalisation du rêve qu'il poursuivait avec tant de ténacité. Les splendeurs des galeries lui procurèrent plus d'ahurissement que d'admiration; cela lui importait peu. De toute la force de sa petite main il nous entraînait dans la direction de la tour Eiffel. Nous y montâmes, comme bien on pense,

et quand l'œil de notre petit fou se fut largement abreuvé du panorama de Paris, toute
la fièvre de ses désirs se trouva subitement
calmée. Il raisonnait comme un petit homme
et se montrait disposé à écouter tous nos conseils.

Ses parents ne présentant aucune garantie
morale et, d'ailleurs, ne le réclamant pas, Charles
fut placé huit jours après dans la Vienne. Il fait
aujourd'hui l'objet des plus vives sollicitudes de
l'excellente dame qui l'a recueilli chez elle, à
Lhommaizé ; mais de temps à autre son humeur
vagabonde reprend le dessus. Lhommaizé n'est
qu'à trente kilomètres de Poitiers. Quelques
mois après son placement, Charles réfléchit qu'il
serait inexcusable de ne point profiter de ce voi-
sinage, et le voilà parti à pied. Tranquillement
il visita la ville en détail ; puis, peu désireux de
recommencer pédestrement un itinéraire qu'il
connaissait, il se rendit chez le commissaire de
police, afin de pouvoir rentrer à Lhommaizé par
chemin de fer. Les voyages avaient formé cette
jeunesse.

Depuis un an, Charles, entouré de soins affec-
tueux, maternels, n'a plus bronché ; il déclare

qu'il ne se sauvera plus, parce que « ça donne
trop d'inquiétude à madame X... ». Mais peut-
on le considérer comme définitivement corrigé ?
Quand ce gamin sera devenu adolescent, n'aura-
t-il pas à subir une deuxième crise plus impé-
tueuse encore que celle de sa première enfance ?
Seigneur, préservez-le de Jules Verne !

L'aimable romancier populaire qui a procuré
tant d'heures de distraction et d'aventureuse
rêverie à la jeunesse contemporaine, ne se doute
certainement pas des ravages qu'il a causés dans
certains petits cerveaux mal équilibrés.

Je vous présente une de ses victimes : Philippe.

Philippe, âgé de treize à quatorze ans, est le
fils de braves concierges d'un riche quartier de
Paris, qui certes ne rêvèrent jamais la conquête
de la Toison d'or. Il est entré à l'école de son
quartier, a suivi la série des classes primaires et
n'a cessé d'y remporter des succès de toute
espèce ; chaque distribution de prix lui appor-
tait une moisson de couronnes, et il a obtenu du
premier coup son certificat d'études à la limite
d'âge minima. Passionné pour la lecture, il a
surtout dévoré les livres qui parlent de voyages,
de découvertes, d'aventures merveilleuses, en

débutant par *Robinson Crusoé* pour finir par le *Tour du Monde en 80 jours.* Malheureusement le besoin de s'identifier avec chacun des héros de ses lectures le pousse à mettre en action les récits de son choix. Dès neuf ans, il commençait ses fugues, s'échappant de Paris et vivant aux environs deux ou trois jours de suite, dans les champs, dans les bois, on ne sait exactement ni où, ni comment. Ses parents ont cru bien faire en l'internant dans un bon établissement. Il s'est évadé. Nouveau placement, nouvelle évasion.

Effrayés de voir leur fils arriver à l'âge de treize ans avec de pareilles dispositions, le papa et la maman le prirent par la main et le conduisirent au Palais de justice, demandant s'il était nécessaire de l'envoyer en correction. On leur conseilla de s'adresser au « Patronage de l'enfance », le cas étant loin d'être désespéré, et la Société envoya Philippe dans la Vienne, le plaçant isolément pour qu'il n'eût à subir ni entraînement, ni mauvais conseils.

C'était au commencement de l'hiver de 1890. Après quelques jours de bouderie et de mécontentement, l'enfant se met au travail; mais à la première éclaircie de soleil, il disparaît pendant

1.

la moitié d'une semaine. Le mauvais temps reprend ; Philippe rentre, mâchonne quelques vagues excuses et se remet à l'œuvre. Cela dure jusqu'au printemps où Philippe disparaît, pour de bon, cette fois. Quinze jours plus tard il est arrêté, dormant dans un panier aux Halles.

Le voici à la Petite Roquette. Croyez-vous qu'il va pousser des gémissements, implorer le pardon de ses parents, promettre de changer de conduite? Loin de là. Son tempérament s'est bronzé, et s'il s'adresse à sa famille, c'est pour traiter avec elle de puissance à puissance. Enfin, l'attrait de la nouveauté qui l'environne et de celle qui l'attend est plus fort que la crainte d'un avenir légèrement sombre. On en jugera par la curieuse lettre que nous reproduisons ici et que l'enfant écrit à son père, de la Petite Roquette (1).

(1) Il est à peine besoin de spécifier que tous les documents que nous donnons dans ce livre sont transcrits avec l'exactitude la plus rigoureuse. Nous en respectons même l'orthographe et la ponctuation, qui permettent de juger le degré d'instruction des enfants dont il est question.

Les originaux de toutes ces pièces sont renfermés dans les quinze cents dossiers des mineurs dont nous avons eu à nous occuper jusqu'à ce jour.

« Paris, le 17 mai 1891.

« CHER PÈRE,

« Comme je n'ai pas d'autre distraction que celle-là, je t'écris aujourd'hui pour te donner la description de la vie que je mène ici. Elle n'est pas bien gaie, mais, je suis bien content de ne pas être mené à coups de fouet, comme on me l'avait dit.

« Je suis toute la journée enfermé dans une cellule dont le mobilier se compose d'un lit avec matelas, paillasse, 2 couvertures et 2 draps; d'une table avec tiroir; d'un tabouret; d'un pot à eau et d'une terrine; d'un pot de nuit; d'un balai en bois et d'un crachoir.

« Quand j'ai besoin de quelque chose, j'ai une cheville en bois que je mets au guichet pour attirer l'attention du gardien.

« Le matin, je me lève, je crois, à 6 heures; je prends mes habits quand on ouvre ma porte; je m'habille; puis je plie mes couvertures, mes draps, et je vais vider mon pot de nuit quand on m'appelle; ensuite je me mets au travail après avoir balayé et fait mon petit ménage. Parlons de mon travail.

« Il n'est pas bien fatiguant, et je n'en fais que plus; je suis toujours assis, occupé à réunir des morceaux de cuir découpés à l'emporte-pièce, nommés mailles, par trois ; je les passe dans un morceau de cuivre appelé calibre où est creusée une rainure, pour faire toutes les mailles de la même grosseur; puis je les range sur des plateaux en tôle placés à côté de moi; quand j'en ai calibré assez, je fais la courroie qui consiste à enfiler les mailles, percées de 2 trous, sur des clous plus ou moins longs, selon la largeur de la courroie. J'en fais en ce moment qui a 6 centi- mètres de large et j'en fais en moyenne 7 ou 8 mètres par jour.

« Mais tout travail mérite salaire. Je gagne à cela 0 fr. 10 c. par jour, marqués sur un livret qu'on m'a donné, puis une gratification de 6 à 9 sous par semaine, ce qui fait 3 sous par jour. Avec cet argent, que je ne touche pas, bien entendu, je puis prendre des friandises, pour diminuer le goût du pain noir dont je n'ai jamais assez, quoiqu'il ne soit pas bien bon.

« Un peu après le déjeûner, on va prendre

l'air dans des promenoirs séparés; on se lave à grande eau et au bout d'une demi-heure on remonte. On mange encore à midi; puis le soir à quatre heures. On va vider le pot, et une heure après, on cesse le travail et on fait le lit. Ensuite je prends mon cahier et je fais une page d'écriture et quelques problèmes. Puis je me déshabille, je mets mes habits à la porte (1), et je me couche. Voilà mes occupations. Pour la discipline, elle est très sévère.

« Défense de monter au vasistas, de regarder au guichet, de causer avec les voisins sous peine de faire connaissance avec le cachot et le pain sec. On change de linge toutes les semaines, de draps tous les mois.

« Enfin, quoiqu'on ne soit pas trop mal à la Roquette, je regrette bien de m'y être fait mettre; mais, il est trop tard, à moins que tu veuilles m'en faire sortir.

(1) Autrefois, les évasions de la Petite Roquette étaient assez nombreuses, malgré toute l'activité de la surveillance. Pour les prévenir, on a imaginé, dans ces derniers temps, un système bien simple : on oblige les enfants, en se couchant, à accrocher leurs vêtements en dehors des cellules, et on ne les leur rend que le matin. De la sorte, les habits peuvent être brossés et vérifiés, et les petits détenus ne peuvent songer à s'évader en chemise.

« Adieu, cher père ; embrasse Marie pour moi
et ne lui parle pas trop mal de son frère.

« Je ne suis pas encore jugé, et je ne sais pas
ce qu'on attend pour le faire. Dis à maman que
je l'embrasse aussi, et ne raconte pas trop de
mal sur moi à marraine.

« Ton fils,

« PHILIPPE. »

Nous avons tenu à reproduire *in extenso* cette
très curieuse lettre, écrite au courant de la
plume avec une écriture nette, régulière, pré-
cise, formée comme celle d'un homme de trente
ans et qui ferait la joie d'un graphologue, en
lui décelant par ses détails plastiques tout le
caractère du jeune écrivain ; nous avons tenu,
dis-je, à la reproduire, non seulement parce
qu'elle est une intéressante relation de « la vie
à la Petite Roquette », mais parce qu'elle nous
parait prêter à de nombreuses réflexions.

Qu'on n'oublie pas que son auteur, qui trace
ces quatre pages en ne faisant qu'une seule
faute d'orthographe, et combien excusable dans sa
logique — *fatiguant* pour *fatigant* — qui inven-

torie son mobilier avec la précision d'un reporter
et développe ses idées avec autant de suite, je
dirai presque autant de science naturelle de la
composition, n'est âgé que de treize ans et
demi.

On conclura que, malgré toutes ses fugues et
toutes ses nuits à la belle étoile, il n'a pas entièrement perdu ses journées à l'école.

Et quel curieux tempérament se révèle entre
ces lignes! Comme cette individualité est déjà
nettement dessinée dans ces phrases correctement polies, mais hautaines, et non exemptes
d'un vague persiflage à l'adresse de son concierge
de père! « Comme je n'ai pas d'autre distraction
que celle-là, je t'écris aujourd'hui... »

« Ne raconte pas trop de mal sur moi... » C'est
presque la manière convenable de dire : « Ne
me calomnie pas. » Puis, quelle fierté aussi! Pas
un mot de supplication pour obtenir cette liberté
qui doit lui être si chère, pas une promesse pour
l'avenir, si on la lui rend. — « Quoiqu'on ne
soit pas trop mal à la Petite Roquette, je regrette
bien de m'y être fait mettre; mais il est trop tard,
à moins que tu ne veuilles m'en faire sortir. » Un
point; c'est tout.

Pourtant ce petit bonhomme d'acier montre le défaut de sa cuirasse : il craint que sa conduite ne soit mal jugée par sa sœur et par quelques autres personnes. L'estime, voilà le sentiment par lequel on pourra le prendre et l'amener peut-être à une moins farouche attitude.

Pour l'heure, l'idée d'être envoyé en correction ne l'épouvante pas; il verra du nouveau, et son instinct de curiosité s'exercera, soit qu'il parte pour une école agricole, une école industrielle ou une école de mousses. D'ailleurs, une fois arrivé, s'il s'ennuie, il mesurera la hauteur des murs. Il n'en est pas de si élevé qui ne se franchisse.

Quand, à l'audience du 19 juin 1891, le tribunal a demandé à Philippe ce qu'il voulait faire, très nettement le gamin a répondu : « Je veux voyager! »

Malheureusement la Société n'a pas les moyens de transformer ses vagabonds en *globe-trotters*, et le seul asile qui puisse ouvrir ses portes aux enfants comme Philippe, c'est la maison de correction de Belle-Isle en Mer, qui fournit des mousses à la marine marchande et prépare les engagements dans les équipages de la flotte.

Toutefois, il ne semble pas impossible que, dirigé dès à présent dans une voie conforme à ses aptitudes, et son instruction complétée, cet enfant ne puisse devenir un explorateur, un inventeur, un savant, peut-être un marin doublé d'un écrivain.

Mais si nous le laissons subir des condamnations correctionnelles, si nous l'abandonnons aux promiscuités des dépôts, que deviendra cet étrange garçon qui, au milieu de tous ses avatars, n'a pas commis un seul délit réel, pas dérobé une tête d'épingle?

Ce qu'il deviendra, c'est facile à prévoir.

Sans guide, sans protection sur le pavé de Paris dans l'intervalle de ses détentions, il fréquentera, soyez-en sûr, la compagnie louche de tous ceux qui ont rompu en visière à la société; les rôdeurs de barrière ne tarderont pas à l'appeler « mon vieux poteau! » et les souteneurs, à bref délai, le traiteront d' « aminche ». Il ne manquera pas une exécution sur la place de la Roquette, ne fût-ce que pour se donner une émotion à analyser. Plus tard, il voudra se faire distinguer par ses exploits; à dix-huit ans, nous pouvons le retrouver chef de

bande, assis sur les bancs de la Cour d'assises,
avec un casier judiciaire émaillé des condamnations correctionnelles les plus variées.

Les jeunes vagabonds sentent bien où ils vont
lorsqu'ils n'ont pas encore entièrement dégrin-
golé la pente. Dernièrement nous interrogions
au Dépôt un gamin de quatorze ans, arrêté pour la
vingtième fois en flagrant délit de vagabondage :

— As-tu été arrêté pour vol ?

— Pas encore, nous répondit-il le plus simplement du monde.

A rapprocher de cette parole celle d'un autre
enfant dont le cas était analogue à celui de
Philippe.

Lui aussi n'avait à son passif que des délits
de vagabondage et rêvait l'embarquement, la vie
de marin, les voyages dans les pays lointains,
dont le mirage berçait son imagination. Mais il
était trop jeune pour contracter un engagement,
et l'école de Belle-Isle n'accueille que les enfants
envoyés en correction.

Désolé de n'être peut-être pas assez coupable
pour mériter ce sort, il nous dit gravement :

— Monsieur, faut-il que je vole ?

Nous lui expliquâmes qu'à la rigueur cela

était inutile. Il pouvait se constituer prisonnier dans un poste de police, en se déclarant sans domicile, passer en correctionnelle et demander lui-même au tribunal son envoi en correction. Après, nous nous chargions du reste.

L'enfant suivit ce programme de point en point. Il est aujourd'hui à Belle-Isle, où il remplit l'emploi de chef de la fanfare, en attendant son entrée dans les équipages de la flotte.

N'est-il pas cependant bizarre qu'il faille des artifices de procédure et la simulation d'un délit pour obtenir de la société un asile aussi médiocre?

Et puis, est-on bien sûr qu'un internement rigoureux, même avec la perspective d'un enga- gement futur dans la marine, soit un remède très efficace contre les instincts de vagabondage? Un peu d'homéopathie ne serait-il pas préfé- rable? Croit-on, par exemple, que nous ayons réussi à corriger le petit B..., en l'enfermant à l'orphelinat agricole de Saint-Michel en Priziac?

Cet enfant, orphelin de père, n'était âgé en 1891 que de douze ans. L'an passé, quand nous le recueillîmes à la Petite Roquette, il avait déjà à son actif vingt-deux arrestations ou condamna-

tions pour vagabondage. Vous avez bien lu :
vingt-deux arrestations à onze ans.

Dès que B... put marcher, avant même de
savoir lire, il n'eut qu'une idée en tête, s'en-
fuir, quitter le connu pour l'inconnu, voir du
nouveau, sans souci des dangers, des privations.
Sa mère, ouvrière aisée, possédant un petit
capital recueilli dans la succession de son mari,
ne l'a jamais maltraité et s'est toujours montrée
aussi bonne pour lui que possible. La preuve,
c'est que, malgré les innombrables frasques de
son indomptable garnement, elle n'a jamais
voulu demander son envoi en correction, en
dépit des inquiétudes mortelles que lui cau-
saient ses disparitions subites.

A sept ans, B... ne se contente plus des
échappées vulgaires à travers Paris et la banlieue. Ayant remarqué au pont du Carrousel des
bateaux à vapeur amarrés qui excitaient tout
particulièrement sa curiosité et qui devaient
conduire par les voies fluviales une cargaison à
Londres, il réussit à se faufiler sur l'un d'eux et
à se cacher jusqu'au moment du départ. Aux
environs de Mantes, un matelot le découvrit
blotti entre deux bailes de marchandises et

l'amena par l'oreille au capitaine, qui dut stop-
per et perdre une demi-journée à faire mener ce
singulier passager dans un commissariat d'où on
le réexpédia à Paris.

Il serait trop long de raconter par le menu les
exploits de B... jusqu'au jour où nous essayâmes
pour lui du placement isolé dans la Vienne. Un
beau matin, après une leçon d'histoire, il quitte
les bancs de l'école communale dont il suivait les
cours, pour « aller visiter le champ de bataille de
Charles Martel » ; on le ramassa, déguenillé et à
demi mort de faim, sur une grande route, et il
fallut le ramener à Paris, sa famille d'adoption
ne voulant point continuer à endosser la responsabilité de ses fugues perpétuelles. Là, les équi-
pées recommencèrent, et, en désespoir de cause,
nous envoyâmes B... à Saint-Michel en Priziac.
Dans le premier mois de son séjour, il tenta
quatre fois de s'évader, mais il ne put aller bien
loin. Les paysans des alentours touchent une
prime de 5 francs chaque fois qu'ils ramènent à
l'orphelinat un pensionnaire en fuite ; B... était
un trop bon client pour qu'on le laissât dépasser
la zone de surveillance.

Nous avons vu notre petit vagabond à l'issue

de sa quatrième tentative. C'est un gentil enfant, pas très grand pour ses douze ans, à la mine éveillée, mais plutôt naïve.

— Eh bien, B..., tu ne te corrigeras donc jamais? Voilà la quatrième fois que tu te sauves en un mois !

Le gamin baisse la tête comme un gourmand auquel on reproche d'avoir trempé son doigt dans un pot de confitures. Nous continuons :

— Alors, tu ne te plais pas ici ?

— Oh! non, monsieur.

— Est-ce que tu n'es pas bien?

— Non !

— Pourquoi ?

— Parce qu'on ne peut pas s'en aller.

— Mais on ne peut pas constamment s'en aller de partout, et tu t'en vas même quand tu te trouves bien. Chez Mme X..., dans la Vienne, est-ce que tu n'étais pas heureux ?

— Peuh !

— Et chez ta maman, est-ce que tu ne te plaisais pas ?

— Oh! si.

— Pourtant, c'est de chez elle que tu t'es enfui le plus souvent !

B... courbe le front et a bonne envie de pleurer. On voit qu'il cherche à formuler, pour sa défense, une idée indécise ou trop abstraite. Il voudrait dire : « C'est vrai, j'étais bien, mais ma destinée m'a entraîné. »

— Voyons, ajoutons-nous, cela ne peut pas durer ainsi. Voilà que tu deviens grand. Qu'est-ce que tu veux faire? As-tu idée d'un métier qui te plaise? je te le ferai apprendre.

A ces mots, le visage de l'enfant s'illumine, il nous saisit fiévreusement par la manche et, avec un indescriptible accent de confidence et d'enthousiasme, s'écrie :

—Je voudrais être mécanicien de chemin de fer!

Il y a quelque chose de touchant dans la candeur de cette réponse.

Aller plus loin, aller plus vite, s'élancer sur des routes sans fin, quel qu'en soit le but, voilà le rêve!

Ainsi, par les nuits légères, nous avons tous rêvé qu'il nous poussait des ailes et que nous nagions dans l'éther au-dessus des têtes de la foule.

Pour B..., le mécanicien de chemin de fer, sur son Léviathan monstrueux, est le voya-

geur qui va le plus loin, qui va le plus vite.
Dites-lui que cet homme, qui dévore l'espace,
n'est pas maître de conduire sa machine là où
il veut, et que, quand il est parti, il revient,
hélas ! limitant son agitation sans trêve à la mo-
notonie d'une route immuable. B... secouera la
tête et croira que vous voulez le tromper « parce
qu'il est petit ».

Pauvre enfant !

VAGABONDS PAR INDOLENCE

Bien différents et plus difficiles à guérir sont
les vagabonds par indolence. Il est curieux que
ces deux tendances opposées, la paresse et l'exubérance d'imagination, puissent conduire, l'une
et l'autre, au vagabondage ; pourtant, c'est presque par proportions égales qu'elles fournissent
des jeunes clients à la 11e chambre.

Les vagabonds par indolence nous ont toujours
jours paru les natures les plus difficiles à réformer. Avec eux, pas de ressort, pas de prise.

Paresseux par tempérament, n'ayant aucune curiosité, aucun désir de s'instruire, l'enfant dont le type nous occupe est allé assez régulièrement à l'école parce qu'on l'a contraint de s'y rendre. Mais, comme on ne pouvait le forcer à apprendre, il n'y a rien appris. Il n'aimait, d'ailleurs, pas plus le jeu que l'étude; pendant les récréations, il s'assoupissait dans un coin, pleurant si un camarade venait le réveiller ou le frapper, mais n'essayant pas de riposter. C'est dès cette époque que son visage a pris cet air de maussaderie et d'ennui morne qu'il ne quittera plus.

A treize ans, ce garçon n'ayant aucune vocation, aucun goût déterminé, ne sait quel métier entreprendre.

Par obéissance, il entre chez un patron quelconque, le premier venu. Là, on n'a pas de reproche précis à lui adresser, on espère toujours qu'il va se mettre résolument à l'ouvrage; mais il est mou, long dans ses courses, paresseux à son établi. Si on lui en fait reproche, il exprime un regret, baisse la tête, mais ne déploie pas plus d'activité pour cela. Après avoir patienté plusieurs semaines, le patron le met à la porte.

2

Retour à la maison paternelle, réprimande, essais successifs chez trois ou quatre autres patrons qui, tous, font comme le premier. A chaque insuccès nouveau, la mauvaise humeur du père s'accentue ; il traite son fils de « fainéant » et de « propre à rien », et l'enfant finit par penser lui-même qu'en effet il n'est peut-être bon à rien et ne pourra jamais gagner sa vie. Un beau jour les parents, jugeant que les reproches ne suffisent pas, en viennent aux coups ; alors, l'enfant s'enfuit, le voilà vagabond.

Suivons-le dans sa nouvelle « carrière ».

Notre sujet est âgé de quatorze à quinze ans. Il s'aperçoit vite qu'on peut vivre aisément sur le pavé de Paris sans travailler. Pendant le jour il dormira béatement sur les quais ou le long d'un mur d'usine ; le soir, il ouvrira des portières devant les théâtres ; la nuit, il rôdera aux alentours des Halles, gagnant des soupes ou des pourboires pour quelques menus services.

On l'arrête, dormant sur un banc. Ses parents, prévenus par la préfecture, accourent, essayent de le ressaisir, l'amènent chez eux sous promesse d'une meilleure conduite. Un mois après, l'enfant est de nouveau arrêté en état de vagabon-

dage. Cette fois, le père sollicite une ordonnance
de correction et obtient un mois de détention à
la Petite Roquette.

Ces quelques jours de captivité semblent au
gamin moins durs qu'il ne le supposait. Il peut
rester en cellule des journées entières et accomplir son travail, si toutefois il juge bon de travailler, avec toute la lenteur qu'il lui plaît.

Enfin, détail précieux, il mange, boit et dort
régulièrement.

Comme il n'est pas méchant, ne se révolte
jamais, les gardiens s'intéressent à lui, le consi-
dèrent comme un excellent détenu. Cette vie
calme lui paraît délicieuse, au moins pendant
quelque temps. La privation de liberté ne lui
pèse pas, parce que la liberté l'oblige parfois à
faire un effort pour gagner sa vie : il sera éter-
nellement vagabond.

VAGABONDS PAR OCCASION
OU PAR INDIGENCE.

Nous devons maintenant, pour terminer, envisager le cas des vagabonds par occasion ou par indigence. Ceux-là n'ont pas le vagabondage dans le sang, comme quelque virus héréditaire. Ils le subissent, ils ne l'aiment pas; aussi la cure est-elle aisée, puisqu'il suffit d'intervenir à temps, avant que l'enfant soit contaminé par les promiscuités d'un dépôt, et qu'on est soutenu dans son œuvre de réhabilitation par le bon vouloir de l'intéressé lui-même.

Évidemment, le petit « Gustave » n'avait rien de ce qu'il fallait pour devenir un habitué de la correctionnelle, quand nous l'avons recueilli à la Petite Roquette.

Cet enfant, élève d'une école supérieure municipale de la Ville de Paris, s'étant un jour pris de querelle avec un de ses jeunes camarades, lui porta, dans un accès de colère, un

coup de compas et le blessa à la joue. Effrayé
de son acte, dont la gravité lui paraissait encore
plus considérable qu'elle ne l'était en réalité,
prévoyant une expulsion et peut-être une foule
de conséquences qu'il ne définissait pas bien
clairement, il s'enfuit tête nue de l'école et n'osa
pas rentrer à la maison, où ses rapports avec son
père étaient déjà fort tendus. Ce dernier le fit
rechercher par la préfecture de police, mit des
annonces dans les journaux, s'enquit auprès de
tous les gens de sa connaissance. Gustave restait
introuvable.

Il avait été arrêté pourtant dans une rafle aux
Halles : c'est là qu'on les ramasse presque tous.
Seulement, voulant à tout prix éviter d'être rendu
à sa famille, il avait donné, comme nom patro-
nymique, le nom de sa mère, si bien qu'il était
jugé à l'audience au moment même où son père
se trouvait au Palais de justice pour avoir des
renseignements sur l'issue des recherches.

Gustave nous fit l'aveu de sa personnalité réelle,
mettant comme condition à sa confidence que
nous nous emploierions à le placer quelque part,
même comme apprenti ou manœuvre, mais que
nous ne ferions rien pour renouer le fil du passé.

3.

La situation était délicate, et nous n'avions
en aucune manière le droit de nous rendre complice de l'exécution de ce programme. Mais la
difficulté fut aplanie par le père, qui, mécontent
de cette indifférence et peu soucieux de continuer ses sacrifices pécuniaires pour l'éducation
d'un enfant aussi ingrat ou aussi indépendant,
acquiesça à notre proposition.

Gustave fut donc envoyé en apprentissage chez
un serrurier du centre de la France. Il y est
depuis deux ans et se trouve à la veille de gagner
des journées d'ouvrier. Pendant tout ce laps de
temps, sa conduite n'a donné lieu à aucun
reproche, et il n'a cessé de nous écrire régulièrement des lettres très affectueuses et pleines de
bons sentiments. Malheureusement dans aucune
d'elles il n'a prononcé le nom de son père. Peut-
être attend-il d'être tout à fait hors d'état de
se passer de lui pour reprendre l'attitude filiale.
Quoi qu'il en soit, Gustave contractera l'an pro-
chain un engagement militaire à la limite d'âge.
Il est très possible qu'il fasse sa carrière dans
l'armée et, en tout cas, sera sûr, au jour de sa
libération, de posséder un métier dont il pourra
vivre. Du vagabondage, il n'est plus question.

Si, dans le cas de Gustave, il y a encore une
pointe de rébellion, peut-on considérer comme
réfractaire la petite Sophie G..., une vagabonde
par indigence, dont l'aventure est une des plus
lamentables de toutes celles que relatent nos
dossiers ?

A l'époque de son arrestation, presque tous les
journaux lui consacrèrent quelques lignes de
faits divers. Voici comment l'un d'eux contait la
chose :

« *Navrante histoire.* — Une fillette chétive, et
« en haillons, nommée Sophie G.., à qui, malgré
« ses seize ans, on serait tenté de donner la
« moitié de son âge, était traduite samedi devant
« la onzième chambre pour vagabondage.

« Elle a raconté simplement son histoire, qui
« peut tenir en quelques lignes, et le récit a
« douloureusement impressionné le public pré-
« sent à l'audience.

« — Je suis allée trouver vendredi le commis-
« saire de police du quartier des Halles, dit la
« pauvre enfant ; je lui ai déclaré que depuis cinq
« jours j'étais sans asile, et que je n'avais pas
« mangé depuis quarante-huit heures. J'étais em-
« ployée chez un marchand de vin qui, à la mort

« de ma mère, il y a de cela trois ans, m'a recueil-
« lie en qualité de servante, aux appointements
« de deux sous par jour. Mais mon patron a fait
« faillite; sa boutique a été fermée; j'ai dû alors
« errer, en quête de travail, et sans rien trouver.

« Mon père, condamné aux travaux forcés à
« perpétuité, est mort à la Nouvelle-Calédonie.
« Je n'ai plus ma mère, et comme je ne veux
« pas imiter ma grande sœur qui se conduit
« mal, j'ai préféré me faire arrêter.

« Le tribunal, très ému, mais forcé, malgré
« tout, d'appliquer la loi, allait condamner la
« fillette, lorsqu'un avocat, président de la
« Société protectrice de l'enfance, a demandé
« aux juges de vouloir bien renvoyer leur déci-
« sion à huitaine, ajoutant que d'ici-là il s'occu-
« perait de faire recueillir la petite malheureuse
« par l'œuvre.

« Le tribunal a fait droit à sa prière. »

Ce que le journal ne disait pas, c'est que le père
G... avait été condamné, en 1888, un an après le
décès de sa femme, aux travaux forcés à perpétuité
pour un triple attentat monstrueux sur les personnes de ses trois filles, âgées respectivement de
seize, quatorze et dix ans. Quand ce triste person-

nage fut sous les verrous, l'Assistance publique
se chargea de la fillette de dix ans et l'admit au
nombre de ses protégées. Mais les deux autres
lui parurent, à quatorze et seize ans, être en
devoir de se suffire à elles-mêmes. L'aînée avait
un gagne-pain tout trouvé, étant inscrite sur les
registres du dispensaire : c'était d'ailleurs une
pitoyable créature qui attachait Sophie avec des
cordes sur les meubles de la chambre paternelle
pour faciliter les attentats du père. On comprend
que Sophie, avec ses instincts tout autres, s'em-
pressa de fuir la grande sœur et alla chercher
asile n'importe où, chez le premier qui voulut
bien lui ouvrir sa porte.

Ce premier venu fut un marchand de vin de
bas étage, très pauvre d'ailleurs, qui crut faire
beaucoup en prenant l'enfant comme bonne « au
pair », c'est-à-dire en lui faisant faire un service
de domestique pour lequel il l'autorisait à coucher la nuit dans la soupente ménagée sous l'es-
calier en colimaçon de la boutique, et lui donnait
un morceau de pain sec deux ou trois fois par
jour. A cela il ajoutait, comme on a vu, des
appointements quotidiens de 0 fr. 10, avec lesquels la « bonne au pair » pouvait s'acheter de

la viande, de la charcuterie ou même des fruits
si cela lui faisait plaisir. Dans cette détresse profonde, Sophie se serait trouvée presque heureuse si elle avait réussi à apprivoiser la patronne,
une femme terriblement vertueuse qui ne comprenait pas qu'on eût un papa aux travaux forcés
pour les motifs susindiqués, et qui reprochait
constamment à son mari d'avoir recueilli cette
« roulure ». Dans sa dignité d'honnête femme,
la patronne n'adressait jamais la parole à Sophie.
Elle avait un jonc avec lequel elle la poussait
dans la direction des travaux à faire. Si l'enfant
ne comprenait pas assez vite, le jonc lui cinglait
les épaules. Ça ouvre l'intelligence.

Victor Hugo avait prévu le cas de Sophie dans
sa « Cosette » du ménage Thénardier.

Quand le marchand de vin eut fait faillite,
Sophie se trouva comprise dans les épaves de la
boutique. On a vu comment, après cinq jours de
vagabondage, elle alla se constituer prisonnière
dans un commissariat de police, et de là fut
envoyée au tribunal, auquel elle demandait un
asile et qui ne pouvait lui offrir qu'une prison.
Voici des extraits de la fiche de renseignements
qui nous fut fournie sur l'enfant, pendant la

semaine qui précéda sa mise en liberté. Dans leur sécheresse administrative, ces documents ont leur éloquence.

19 *décembre* 1839.

N° D'ORDRE DE LA PERSONNE A QUI CETTE NOTE EST ADRESSÉE		N° D'ORDRE DE CETTE INFORMATION PARTICULIÈRE
932	SOPHIE G...	C. 11. 480

« Au n°... de la rue..... le marchand de vin X... n'habite plus. Son établissement a été vendu le 15 octobre dernier.

« La nommée Sophie G... a été là pendant deux ans et ne gagnait que sa nourriture et son entretien; elle y faisait la besogne d'une grande personne.

« Les gens de la maison qui ont connu Sophie G... n'ont rien à lui reprocher sous tous les rapports. En quittant de là, Sophie devait entrer comme bonne dans une famille; mais elle préféra se rendre chez une cousine qu'elle disait être épicière, et demeurant 14, rue P...

« Nous allons au domicile de la sœur de Sophie; elle n'y demeure plus depuis le 5 cou-,

rant. Elle a quitté sans rien dire. Elle avait brisé
une glace dont on lui réclamait le payement. Sa
conduite était déplorable. Elle fréquentait deux
autres jeunes filles, vivant comme elle de leur
inconduite. En venant demeurer là, l'aînée des
filles G... avait donné comme précédente adresse,
rue....., n°... On savait que Sophie, provoquée
par sa sœur et ses compagnes à se livrer à la
débauche, s'y était refusée. Nous allons ensuite
rue P..... Là il y a une épicière, mais elle nous
déclare ne pas connaître Sophie, et, par conséquent, n'être pas sa cousine. Nous voyons deux
autres épiciers dans la rue; on n'y connaît pas
de demoiselle G... ..

« Sophie a-t-elle fait erreur? A-t-elle menti? Il
est plus probable que l'épicière, peu flattée
d'une semblable parenté, renie sa cousine. »

L'histoire de Sophie G..., divulguée par les
journaux, amena tout un mouvement de charité
en sa faveur. Les uns nous écrivirent pour lui
offrir une place, les autres pour mettre à sa
disposition des vêtements, de l'argent. Deux
bienfaiteurs s'engagèrent à verser mensuellement
des sommes régulières jusqu'à ce qu'elle fût

sortie du besoin. L'un d'eux fut un baron très riche, bien connu dans le monde de la philanthropie, qui offrait une véritable rente; l'autre, un soldat d'un régiment d'artillerie qui s'engageait pour cinq francs par mois,—tout son prêt,—tant que ce serait nécessaire. Malheureusement, il était bien tard pour que l'œuvre de ces braves gens fût efficace. La santé de Sophie s'était complètement épuisée pendant ces deux années de privations et de servage chez le marchand de vin. Elle y avait contracté les germes de la tuberculose, et la maladie était déjà trop avancée pour que l'enfant pût se relever.

Placée d'abord à l'asile de Villepinte, puis à l'Hôpital des enfants tuberculeux d'Ormesson, elle y achève les derniers jours d'une vie qui lui fut si dure, et tout ce que la société peut offrir à Sophie, c'est six pieds de terre dans le cimetière où les déshérités dorment d'un si bon sommeil.

Quels sont maintenant les remèdes applicables aux trois catégories de vagabonds que nous venons d'étudier?

Pour les vagabonds par tempérament, nous avons dit que le meilleur révulsif serait l'envoi

3

des enfants au loin, l'exode dans les colonies,
non comme cultivateurs, mais comme pionniers.
Quand ils sauraient au juste ce que sont les
voyages d'exploration, ils cesseraient d'en être
aussi avides. Pour le moment, l'idée de voyage
est liée dans leur esprit à celle de plaisir, et si
nous nous reportons aux sentiments que nous
professions à leur âge, nous ne comprenons que
trop leur erreur.

Je me rappelle que, étant petit, une phrase des
prières qu'on me faisait quotidiennement répéter
me plongeait dans une stupéfaction profonde.
Elle est ainsi conçue, si j'ai bonne mémoire :
« Seigneur, ayez pitié des pauvres, des voyageurs, des malades, des agonisants. »

Mettre sur la même ligne les pauvres, les
agonisants et les voyageurs, me semblait une
antithèse bizarre, et je me trouvais bien plus
digne de la miséricorde divine pendant les dix
mois d'année scolaire où je mâchonnais les
mystères du rudiment que pendant les six
semaines de vacances où l'on me promettait un
voyage, trop peu souvent réalisé, hélas! Plus
tard, quand, dans le Sud algérien, j'ai assisté au
retour de certaines caravanes venant du désert,

ayant jalonné leur route impitoyable des osse-
ments des traînards et des carcasses des chameaux
épuisés, quand j'ai vu les visages dévastés par la
fièvre et les pieds nus saignants de la morsure
des sables, j'ai compris le sens de l'invocation,
formulée à une époque où l'on ne voyageait pas
en « train de plaisir ».

Un de mes amis me racontait qu'au cours
d'une de ses explorations lointaines, il avait
pour guide un vieux Chaâmbi dont le fils, spahi,
était envoyé par le gouvernement d'Alger à Paris
pour figurer dans une escorte officielle. Le vieil-
lard avait été choisi comme conducteur, d'Ouar-
gla à Rhadamès, en raison de cette parenté qui
garantissait sa fidélité, et le voyageur se plaisait
après les longues étapes, lorsque le sirocco n'était
pas trop fort et qu'aucun maraudeur ne semblait
à craindre à l'horizon, à deviser, avec son guide,
de ce fils qui était en France. Il avait d'abord
essayé de lui parler chemins de fer, mais l'Arabe
secouait la tête avec cette mélancolique obstina-
tion qui ne permettait pas d'insister, sous peine
de passer pour imposteur. Son seul souci était
de savoir combien le spahi aurait de journées de
marche pour aller de Marseille à Paris, en faisant

de grandes étapes comme celles de la caravane
dont lui-même était le conducteur.

— S'il allait à pied, répondit mon ami, il lui
faudrait environ vingt jours.

Le Chaâmbi se livra à un long calcul de tête,
supputant déjà le retour, puis, avec inquiétude,
il ajouta :

— Y a-t-il des puits sur la route?

Nos jeunes vagabonds savent, eux, qu'il y
a des puits sur leur route, voire des marchands de vin, et ce serait faire œuvre efficace
que de les transporter transitoirement sur un
itinéraire privé de buffets. Mais comme, encore
une fois, notre organisation actuelle ne comporte
pas d'emplois ambulants dans nos colonies, il
faut se résoudre à tirer parti, pour nos vagabonds par tempérament, des seules ressources
que présente la mère patrie. Or, il n'y a guère
que la marine qui s'offre comme exutoire, et
l'on sait que, dans la marine, les enfants ne
peuvent s'utiliser qu'à titre de mousses. Le
nombre des places est donc fort restreint, surtout si l'on songe que la navigation marchande
n'emploie qu'un ou deux mousses par bâtiment,
et que ces places sont convoitées par les familles

pauvres des pêcheurs de la côte, heureuses de trouver pour un de leurs fils une occupation immédiatement rétribuée.

Reste l'école de Belle-Isle en Mer. Là, un enfant peut recevoir un commencement d'éducation professionnelle, contracter à dix-sept ans un engagement dans les équipages de la flotte, entrer dans la marine comme novice, et, un an plus tard, devenir matelot. Malheureusement, cet établissement est sujet à bien des critiques.

D'abord, ce n'est pas à proprement parler une école, mais un pénitencier. On n'y envoie, en principe, que les enfants qui ont subi des condamnations, et le premier grief à faire valoir, c'est cette promiscuité qui oblige les petits vagabonds ou les petits mendiants par misère, plus victimes que coupables, à partager le sort des petits voleurs, des petits sodomites et des assassins en herbe qui se sont déjà exercés au maniement du couteau. Le second reproche, c'est que Belle-Isle, où nous désirons envoyer nos assoiffés de plein air, a tout l'aspect d'une prison.

Quand on pénètre dans ce dédale de constructions vieillottes bâties en rez-de-chaussée par le génie, sur le modèle uniforme qui sert de type

à toutes ses installations, casernes, hôpitaux ou
maisons de détention, on sent, à première
vue, un serrement de cœur rien qu'à l'aspect
des hautes murailles extérieures, des lourdes
portes en chêne massif et des fenêtres garnies
d'énormes barreaux de fer. Si vous demandez à
voir les dortoirs, on vous conduit dans une
longue avenue, où le sol est la terre battue, et
où les cellules sont séparées les unes des autres
par des grillages de fer montant jusqu'au pla-
fond. Le couvre-feu sonné, la porte de ces cellules est refermée sur les dormeurs qui, jusqu'au
matin, sont isolés les uns des autres dans leur
cage à poule de huit pieds carrés.

Je ne disconviens pas que le principe ait du
bon avec un personnel de surveillants restreint
et la moralité des pensionnaires, mais voilà tout
de même un singulier apprentissage du « large ».

Si des dortoirs nous passons aux cours de
récréation, l'impression est peut-être plus
pénible encore. L'école est bâtie sur une falaise
de l'île, d'où le regard s'étendrait largement sur
les flots; à l'est, les côtes de France et la pointe
de Quiberon; à l'ouest, l'Océan et son immen-
sité; des deux côtés, le rêve, l'espoir. Or, par

une cruauté peut-être inconsciente, dans cette île où les évasions sont si peu à craindre, les murs ont été élevés de telle sorte qu'ils bornent inexorablement la vue comme les parois d'un puits. Un horizon de cent mètres, voilà ce qui attend nos vagabonds.

Au milieu de la cour, ensablé dans le sol, un petit trois-mâts, muni de son armement et de sa voilure, sert aux exercices des futurs marins. Au sifflet du maître d'équipage, ils s'élancent dans la mâture et accomplissent toutes les manœuvres qu'un bon matelot doit connaître. Le navire étant trop petit pour recevoir tous les novices, l'admission à bord est considérée comme une récompense. Il y a grande concurrence pour être compris dans la section maritime, car il y a aussi à Belle-Isle une section terrienne pour l'exploitation de la ferme, mais elle tient si peu de place qu'il est permis de n'en point parler. Or, cette émulation qui pousse tous les petits détenus à grimper sur le navire échoué, ressemblant aux vrais bateaux comme un cheval de bois ressemble à un cheval d'armes, me semble encore moins le fruit d'une vocation naissante que le besoin d'échapper à l'obsession des murs du

pénitencier. Du haut des mâts, on aperçoit la
mer, on a sa part d'azur, voilà la récompense.

Les réformes désirables sont aisées à formuler,
sinon à obtenir. Il faudrait qu'en concurrence
de Belle-Isle on créât une véritable école où, au
sortir des cours techniques, les enfants, pendant
des laps de temps plus ou moins longs, seraient
exercés en mer, sur de vraies embarcations.
Cette école serait réservée aux mineurs dont la
culpabilité serait peu dangereuse, et nos vagabonds y entreraient d'emblée. On pourrait leur
adjoindre les détenus de Belle-Isle dont l'état
d'amendement et l'excellente conduite justifie-
raient cette faveur. Si la création d'une seconde
école est trop coûteuse pour l'état actuel de nos
finances, qu'on établisse à Belle-Isle même deux
divisions bien distinctes, mais surtout que l'administration pénitentiaire achète un bâtiment
voilier quelconque, et qu'elle cesse ses cours de
« navigation à sec », qui sont bien la plus amère
dérision qu'on saurait imaginer.

Voilà pour les vagabonds par tempérament.

Pour les vagabonds par indolence, la société
ne pouvant s'astreindre à entretenir ces frelons
coûteux, le remède qui leur convient, c'est un

internement dans les colonies agricoles, avec obligation de fournir un travail équivalent à la dépense occasionnée par leur séjour. La Hollande applique avec succès ce régime aux mendiants, et elle s'en trouve bien, puisque la mendicité a presque disparu de son territoire et que ses pensionnaires, au sortir des établissements spéciaux, y ont souvent pris l'habitude, sinon le goût du travail.

Enfin, pour les vagabonds par indigence, toute intervention de l'État serait inefficace, puisque les cas varient pour ainsi dire avec chaque individu. C'est à la charité privée qu'il appartient de tendre la main aux enfants qui se trouvent dans le cas de Sophie G... Elle le fait déjà dans une très large mesure, et nombreuses sont les Œuvres qui ont pour but de lui faciliter la tâche.

Nous y reviendrons dans un autre chapitre.

LES PETITS MENDIANTS

Le vagabond est nécessairement mendiant, surtout le vagabond par mollesse, qui trouve dans la mendicité le moyen le plus commode de vivre. Le vagabond par exubérance, quand le travail manque, est, lui aussi, forcé de tendre la main ; mais, plus volontiers, ce dernier, au lieu d'attendre qu'on lui donne, prend.

Pourtant la mendicité n'est pas toujours la conséquence du vagabondage. Nous avons vu des gamins qui, sortant de l'école et ne pouvant s'acheter les sucres d'orge qu'ils convoitent, trouvent fort simple de quêter quelques sous pour les dépenser en friandises. Quelques corrections paternelles, administrées à propos, font rentrer le gamin dans l'ordre.

Il y en a néanmoins qui trouvent d'assez

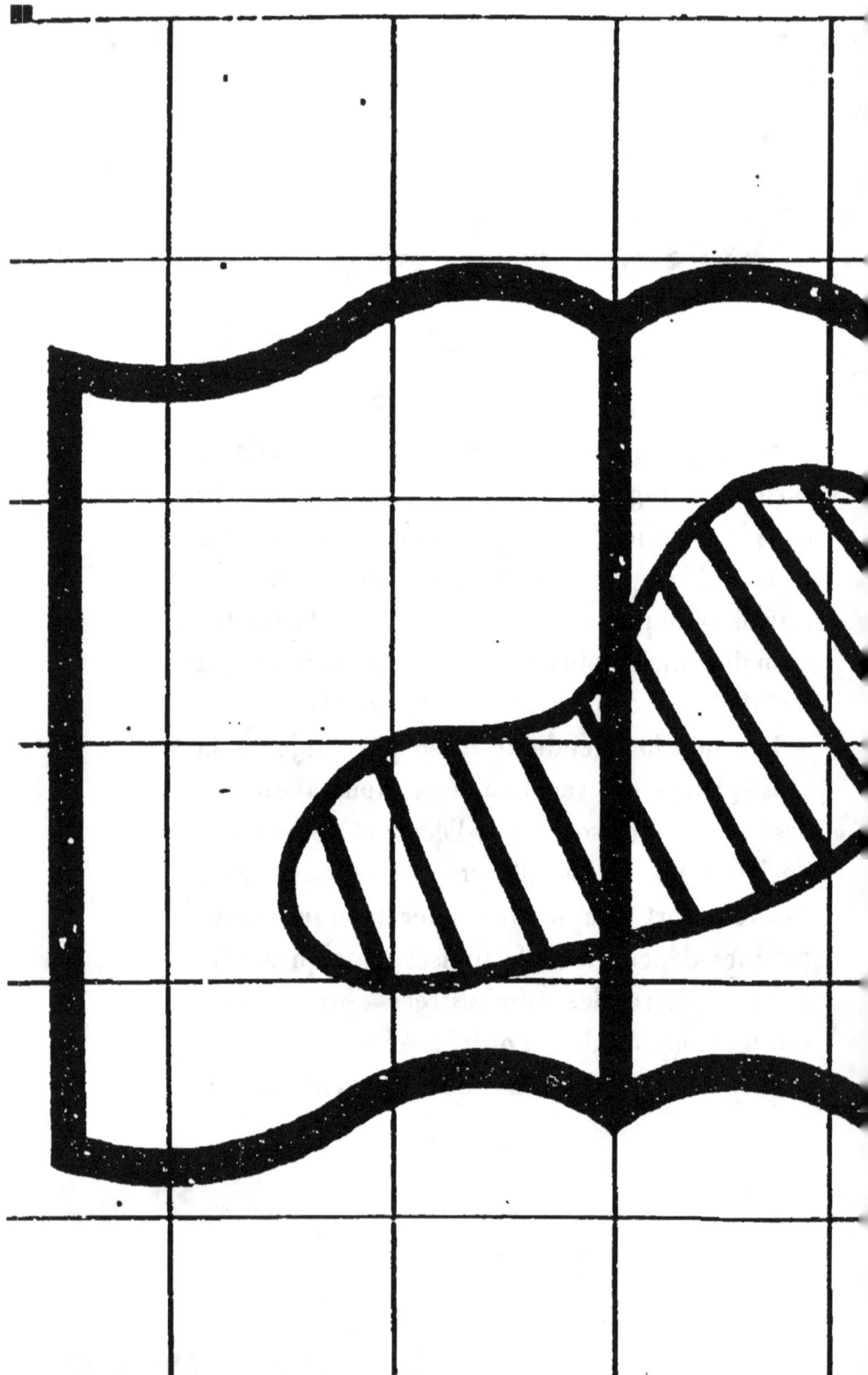

bonne heure que le métier de mendiant est
plein de charmes et y devinent une carrière.

Ceux-ci, après avoir fui le domicile paternel,
mendient pour leur compte, logent en garni,
prennent leurs repas dans des crèmeries de la
banlieue. Ils se connaissent les uns les autres,
se retrouvent dans les gargotes suburbaines, se
font part de leurs succès ou de leurs déboires.
Une fillette de sept ans, qui venait d'être frappée
par un garçon de douze ans, s'en plaignait dernièrement à nous et nous disait : « J'ai pourtant
travaillé pour lui le mois dernier pendant qu'il
était malade! » Ces enfants s'entr'aident, et les
garçons font l'apprentissage du métier de sou-
teneur.

La facilité avec laquelle les petits mendiants
gagnent leur vie sans travailler est étonnante.
Un enfant de six à dix ans se fait aisément trois
francs par jour de recette moyenne. Nous avons
vu une fillette qui rapportait sept francs par
jour; il est vrai qu'il lui manquait une jambe
et un œil, et qu'elle avait choisi pour centre de
ses opérations l'église de la Madeleine et l'Opéra.
L'entrée de l'Opéra-Comique et la sortie de la
Porte-Saint-Martin rapportaient, l'année der-

nière, cinq francs à deux petites filles que nous
n'avons pas revues depuis.

Avec de pareils bénéfices, les enfants trouvent
facilement le gîte et la nourriture. Nous avons
tenté d'enlever à l'exploitation des logeurs en garni
de bas étage les petits mendiants qui se réfugient
chez eux. M. le procureur de la République voulut bien poursuivre en février 1891, comme
prévenu du délit d'emploi d'enfants à la mendicité, un logeur qui recevait chez lui moyennant
70 centimes par nuit deux petites mendiantes de
la place Clichy et du Moulin-Rouge.

A l'audience de la 9ᵉ chambre, le 9 février,
M. Flach, substitut, s'efforça de démontrer que
si D..., le logeur, n'avait pas donné aux petites
B... l'ordre ou le conseil de mendier, il n'en
était pas moins vrai qu'il savait que ces enfants
ne tiraient leurs ressources que de la mendicité,
qu'il profitait sciemment des aumônes recueillies,
qu'il y aurait hypocrisie de sa part à soutenir
qu'il ignorait d'où provenait le loyer payé par
les enfants. En les menaçant de les mettre dehors
si elles ne rapportaient pas chaque jour 70 centimes, D... les encourageait, les poussait à
mendier. Il y avait là une question très impor-

tante à juger. « Il faut atteindre, disait le magistrat, les logeurs qui, recevant déjà des rôdeurs de nuit et des filles, attirent les petits mendiants et les exploitent. »

A cela M⁰ Matter, défenseur du logeur, répondit que la loi de 1874 ne punit que les individus qui poussent les enfants à la mendicité, qui leur donnent l'ordre de mendier. Son client n'avait jamais donné cet ordre aux petites B...; il les avait reçues dans son garni *sans encourir le blâme de l'inspecteur de police*, il n'avait pas exigé d'elles un loyer exagéré; il n'avait pas cru devoir les repousser, les jeter dans la rue.

Le 13 février, la 9⁰ chambre, présidée par M. Bidault de l'Ile, a rendu le jugement suivant :

« Attendu que D... est poursuivi pour avoir depuis moins de trois ans, à Paris, habituellement employé à la mendicité les deux jeunes filles B... âgées de moins de seize ans, délit prévu par l'article 3 de la loi du 7 décembre 1874;

« Attendu, en fait, que les deux sœurs B..., âgées l'une de douze ans et l'autre de six ans et abandonnées de tous les membres de leur famille, habitaient depuis le mois d'octobre dernier chez D..., logeur, impasse des........, n°...., et que ce

dernier exigeait d'elles d'abord 50 centimes,
puis 70 centimes par jour, pour prix de la location d'un cabinet dans lequel il les logeait;

« Attendu que la prévention soutient que
D... employait ces deux jeunes filles à la mendicité pour se faire payer le loyer de leur logement;

« Mais attendu, en droit, que la loi de 1874
n'a voulu atteindre que ceux qui exposent les
enfants à une répression sans s'y exposer eux-
mêmes en les excitant à la mendicité et en
recueillant les bénéfices de ce délit;

« Que la preuve que le prévenu a excité ou
tout au moins encouragé les jeunes B... à mendier pour se faire payer son loyer doit donc être
rapportée;

« Que cette preuve n'est point faite; qu'au
contraire il résulte de l'instruction, des débats
et des dépositions, que D... n'a jamais donné
l'ordre ni conseillé à ces enfants de se livrer à la
mendicité;

« Que les deux sœurs B... ont bien déclaré
que le prévenu les avait menacées de les renvoyer dans le cas où elles ne lui procureraient
point la somme convenue, mais que cette menace

n'est que l'exercice d'un droit qui appartient à
tout logeur;

« Que, d'autre part, il est certain que ces
enfants, livrées à elles-mêmes, sans domicile,
ont trouvé un abri chez D..., et qu'enfin elles ne
lui ont versé qu'une partie des bénéfices qu'elles
se procuraient par la mendicité;

« Qu'ainsi les éléments constitutifs du délit
prévu par l'article 3 de la loi du 7 décembre 1874
font défaut, et que D... doit être renvoyé des fins
de la plainte sans dépens :

« Par ces motifs... Renvoie... »

Comme on le voit par ce jugement, il n'est pas
possible de poursuivre les individus qui logent
ou nourrissent les petits mendiants, à moins que
l'on ne puisse prouver qu'ils ont donné à un enfant
l'ordre formel de mendier; mais cette dernière
preuve est très difficile à rapporter. Il est donc
aisé à un enfant de vivre du produit de la mendicité.

Heureusement pour les petites B... dont nous
venons de parler, elles ont bien voulu suivre les
conseils d'une dame visiteuse du Patronage de
l'enfance et de l'adolescence. Elles ont consenti
à être recueillies par cette Société de bienfai-

sance ; elles sont aujourd'hui en pension. Mais leurs frères, plus âgés, plus audacieux, qui ont élu domicile chez un autre logeur, n'ont pas voulu comprendre les avantages d'une semblable protection. Pourquoi se donneraient-ils le mal d'apprendre un métier ? N'ont-ils pas de quoi manger, boire, dormir et s'amuser ? Ne trouveront-ils pas toujours de bonnes âmes qui leur fourniront de l'argent ?

Il y en a beaucoup comme cela dans Paris qui, mendiants dès l'enfance, exercent toute leur vie cette profession de mendiant. M. Mamoz, l'éminent fondateur de l'Assistance par le travail, en évalue le nombre (enfants et adultes) à cent mille environ.

Sera-t-il autre chose qu'un mendiant, ce malheureux garçon que tout Paris connaît, qui va de café en café, offrant de répondre à n'importe quelle question posée sur un sujet de l'histoire de France ?

Il a été arrêté plusieurs fois. Quand il comparut devant la 10ᵉ chambre, le 30 septembre 1890, il n'avait pas encore seize ans ; il aurait pu être arraché à cette vie de vagabond et de mendiant par l'envoi en correction jusqu'à vingt

ans; mais M. le président l'a interrogé sur la bataille de Bouvines, sur les conséquences du traité
des Pyrénées, et le tribunal l'a acquitté. En dépit
des exhortations du Patronage qui lui offrait du
travail, Louis G... est reparti de café en café, éton-
nant le public par sa mémoire et son bagout, et
s'attirant par sa physionomie efféminée des questions qui n'ont pas toutes trait à l'histoire de
France. Aujourd'hui ce garçon a plus de seize ans,
il est définitivement perdu pour la vie honnête.

Nous pourrions multiplier les exemples, parler
des marchands de lacets, de papier, de vio-
lettes, etc. Nous avons essayé de donner du travail à plusieurs d'entre eux; mais lorsque nous
nous sommes adressés à des enfants ayant plus
de quatorze ans et menant cette vie depuis plusieurs années, nous avons toujours échoué. Vivre
au grand air en se promenant, récolter sans
rien faire des sommes supérieures à celles que
l'on aurait en travaillant, voilà évidemment de
quoi tenter de malheureux enfants qui n'ont pas
ressenti les bienfaits d'une saine éducation.

Il faut agir aussitôt que possible, dès que l'enfant est amené par les circonstances à tendre la
main. Souvent, au début, il ne mendie que parce

qu'il est devenu orphelin, ou parce qu'il est
abandonné; mais parfois aussi il a mendié parce
qu'il y était forcé par des parents indignes.

Ceci nous mène à parler de l'exploitation des
enfants en vue de la mendicité.

EXPLOITATION DES PETITS MENDIANTS

On ne peut traiter cette question sans faire
allusion aux récents travaux de M. Georges
Berry, conseiller municipal du 9ᵉ arrondissement,
qui l'a étudiée avec un soin particulier et une
compétence toute spéciale.

« On n'attend pas longtemps, dit M. Georges
Berry dans son récent rapport au conseil municipal, pour exploiter l'enfance; le bébé a, en
effet, à peine huit jours que déjà on songe à en
tirer parti.

« Les mendiants qui utilisent les enfants s'ap-
provisionnent surtout dans certains bureaux de
nourrices.

« Chacun sait que les filles-mères de la province s'abattent par troupes à Paris pour y trouver un nourrisson qui leur permette de se ramasser une petite dot dont elles ont plus que jamais besoin pour se marier. Mais, en attendant la place convoitée, il faut vivre, il faut se coucher, d'autant plus que les placeuses de nourrices leur demandent au moins 1 fr. 50 par nuit pour leur offrir un lit dans leur dortoir.

« Il est facile dès lors de comprendre que les pauvres filles sont des proies faciles pour les femmes qui ont besoin d'exhiber des enfants aux soupeurs de nos cabarets ou aux gens charitables sortant des églises, et qui donnent, pour cette location, la somme de 1 fr. 50, si nécessaire aux malheureuses filles-mères pour pouvoir attendre leur futur nourrisson à l'abri du besoin.

« J'ai vu de ces contrats se conclure chez des marchands de vin voisins de certains bureaux de nourrices ; je n'ose affirmer que les directrices de ces bureaux sont mêlées à ce trafic, mais je ne peux m'empêcher de constater qu'elles ferment les yeux d'une façon regrettable dans leur intérêt unique, puisque l'argent touché est pour elles, et qu'il est bien difficile d'admettre qu'elles puissent ne s'apercevoir de rien, alors qu'il faut ramener pendant la nuit, au dortoir, l'enfant à sa mère.

« Je dois ajouter cependant que beaucoup de ces nourrices, suivies dans la rue par de vieilles mégères, reçoivent directement des offres des mendiantes.

« Il y a là, comme toujours, l'intermédiaire qui, s'il parait peu près du bureau de nourrices, opère en revanche tout seul dans les cités de chiffonniers, s'adréssant aux biffins de bas étage qui errent le soir à l'aventure, sans place ni maison attitrée, et ramassent quelques chiffons dont la vente leur permet tout juste de ne pas mourir de faim.

« J'ai vu opérer dans ces cités les entrepreneurs pour exploitation de l'enfance.

« S'adressant aux malheureux que le propriétaire leur a désignés comme étant sur le point d'être mis à la porte de leur malsaine habitation, ils s'offrent à payer pour eux la semaine en retard, pourvu qu'on leur confie pendant les nuits de la semaine à venir le petit ou la petite dont, d'ailleurs, on ne saurait s'occuper pendant qu'on va chiffonner, et qui sera rentré au logis aussitôt que ses père et mère.

« Évidemment l'entrepreneur dont il s'agit
avoue que ces enfants doivent servir de moyens
d'attraction à des mendiants; mais, ajoute-t-il,
si la soirée est bonne, il n'est pas impossible
que les enfants rapportent double paye à leurs
parents. Il convient d'ailleurs, pour être vrai,
de dire qu'on n'avoue jamais la soirée bonne.
Malgré tout, personne ne résiste à ce sauveur.

« Les enfants qui sont pris dans ces cités
sont, en général, âgés de trois à cinq ans. Car,
quelle que soit la misère des femmes chiffon-
nant pour vivre, elles ne louent guère leurs
petits qu'autant qu'ils ont quitté le sein et qu'ils
peuvent marcher tout seuls.

« Les enfants pris dans cette catégorie sont
ceux que l'on voit marcher à côté des mendiantes, lesquelles portent, par surcroît, dans leurs
bras, deux ou trois marmots loués à des nourrices.

« En dehors de ces loueurs et entrepreneurs,
il y a les mendiantes de profession qui exploitent
elles-mêmes leurs enfants, et ce qu'il y a de
plus triste à constater, c'est que ces enfants ne
sont pas toujours les mieux traités. Non seulement les mères qui les portent ne se gênent pas
pour les pincer afin de les faire crier, mais on en

a vu qui poussaient la cruauté jusqu'à les estropier dès leur plus tendre enfance, soit en leur tournant les jambes, soit en leur cassant un bras, afin d'en faire des premiers sujets pour la mendicité.

« Celles-là exploitent des bébés de tout âge, de huit jours ou de cinq ans.

« Assurément, les peines édictées par la loi du 7 décembre 1874 qui frappe de deux ans de prison les parents ou tuteurs qui livrent leurs enfants à la mendicité, sont des peines bénignes et pas du tout en rapport avec le délit.

« D'autant plus que la façon d'opérer des mendiants qui traînent avec eux des enfants est criminelle au premier chef.

« Où les rencontre-t-on, en effet?

« Entre minuit et une heure du matin, aux abords des théâtres; entre une heure et cinq heures, près des restaurants de nuit connus ou clandestins;

« Le jour de la messe de minuit, aux environs des églises ou sur les marches mêmes de ces églises, quand elles ne sont pas la propriété d'un mendiant;

« Pendant les jours gras, à la sortie des bals

masqués; pendant les soirs de la semaine du
jour de l'an, à côté des petites baraques des
boulevards; en un mot, partout où l'on s'amuse
et partout où l'on prie, parce que ceux qui se
sont amusés et qui ont prié, obéissant chacun à
deux sentiments opposés, sont cependant tout
disposés à s'apitoyer sur les misères humaines :
ce qui se traduit, pour le mendiant, en une large
distribution de gros sous.

« Mais ce qu'il y a de certain, c'est que les
mendiants exposent la nuit la nichée louée,
parce que c'est l'heure la plus propice pour mendier utilement à l'abri de la police, et ils font
cette exposition par tous les temps, même les
plus froids et les plus humides, ou plutôt par les
plus froids et les plus humides, parce que ce sont
ceux-là qui fatiguent le plus les enfants et qui
attirent sûrement la pitié des gens sensibles et
compatissants.

« Et ces enfants ne restent même pas assis
toute la nuit sous une porte de maison ou sous
un porche d'église. Quand la recette ne va pas,
la mendiante change quelquefois de place deux
ou trois fois dans une nuit, traversant tout Paris,
et traînant derrière elle de pauvres gamins qui,

ne pouvant plus marcher, tombent souvent sur
les mains et sur les genoux.

« Il faut avoir vu un tel spectacle pour le
croire, et véritablement, bien que je me sois
imposé de ne faire qu'un récit, je ne peux cependant m'empêcher d'appeler toute l'indignation humaine contre ces misérables femmes qui,
pour vivre, tuent les enfants, sans aucun scrupule.

« Et peut-être même bienheureux sont-ils
ceux et celles qui tombent dès le début, si l'on
considère le sort réservé aux survivants.

« Nous quittons, en effet, l'enfant de quatre
ans, époque à laquelle il ne peut plus guère être
traîné utilement dans la rue par les mendiantes,
et nous prenons celui de cinq ans dans la nouvelle exploitation à laquelle il est destiné et où
il reste jusqu'à neuf ou dix ans.

« C'est alors en en faisant des musiciens et
musiciennes, des petites marchandes de fleurs,
que les exploiteurs des enfants pauvres essayent
de gagner de l'argent.

« Occupons-nous d'abord de ceux qui entre-
prennent de lancer sur Paris des chanteurs et
musiciens, et dont une grande partie sont
Italiens.

4

« Nous trouvons ces professeurs et exploiteurs sur la rive gauche et à Montmartre, principalement dans les rues Saint-Séverin, Linné, Saint-Victor et de Clignancourt.

« J'en ai vu un, rue Saint-Séverin, qui peut servir de type de l'espèce, et ce n'est qu'après plusieurs tentatives infructueuses que j'ai pu le voir et lui parler.

« J'ai trouvé moyen de lui faire dire, par un marchand de vin de ses voisins et qui le connaissait sous le nom d'Antonio, qu'un monsieur, inaugurant une brasserie rue des Écoles, désirait avoir quelques petits sujets, surtout des petites filles, pour un concert d'ouverture.

« C'est comme cela que M. Antonio m'introduisit, un jour, dans son logement, entouré de ses quinze artistes, dont l'aînée, une petite fille, pouvait avoir onze ans, et dont le plus jeune, un petit garçon, avait cinq ans environ.

« Il fit chanter et jouer sa troupe et m'en loua six sujets pour 30 francs, me disant que c'était peut-être cher, mais que les familles étaient très pauvres et, partant, exigeantes.

« Le concert annoncé ne devant avoir lieu que quelques jours plus tard, je manifestai l'intention de voir jouer et chanter en public les six gamines retenues par moi. Ne se méfiant de rien, M. Antonio me donna rendez-vous, le soir, à une brasserie fermée depuis par la police des mœurs.

« Je n'eus garde de manquer l'heure indiquée, et, après quelques morceaux de musique et de chant, j'attirai dans un coin de la brasserie la petite fille de onze ans, et lui promis 10 francs si elle voulait venir chez moi, le lendemain, dans la journée, sans prévenir de ce rendez-vous M. Antonio.

« Je désirais l'interroger.

« Le lendemain, Mlle Martha, c'était son nom, vint chercher ses 10 francs, et voici ce qu'elle m'apprit :

« Fille d'une mère paralytique, demeurant rue Thouin, et d'un père qu'elle n'avait pas connu, dès l'âge de six ans elle était devenue élève chez M. Octave, de la rue du Cardinal-Lemoine, qui, lui aussi, envoyait ses élèves chanter et jouer dans les cafés et brasseries, et qui lui donnait vingt à vingt-cinq sous sur la recette de la soirée. A huit ans, elle avait été souillée par un restaurateur chez qui mangeait

M. Octave, et, comme elle avait pleuré et raconté
la chose à sa mère, celle-ci l'avait alors reprise à
M. Octave et, sur le conseil d'une voisine, l'avait
confiée à M. Antonio, qui lui donnait trente sous
par jour.

« Elle n'avait jamais eu à se plaindre de ce
nouvel entrepreneur, qui cependant lui imposait
quelquefois, disait-elle, de trop longues séances.

« Je ne pus tirer autre chose de cette
petite, déjà fille, qui m'affirma qu'elle était
restée sage depuis son premier accident, mais
dont la figure, le maintien, les gestes, la parole,
démentaient l'affirmation.

« Sur une autre question que je lui fis, elle
me dit que M. Antonio, comme tous ses col-
lègues, prenait peu de petits garçons, car ceux-
ci ne rapportaient rien. Elle prétendit que, de huit
heures à minuit, en faisant de neuf à dix cafés,
une troupe de quatre enfants ramassait dans les
quêtes de la soirée une somme de 18 à 20 francs.

« A ce prix-là, l'entrepreneur, qui avait
quinze à seize enfants, pouvait gagner pour lui
de 40 à 50 francs par jour, sans compter les
profits cachés.

« M. Antonio n'envoyait ses élèves, le

jour, ni dans les cours ni dans la rue. Je ne
pus rien savoir de ce genre d'exploitation par
Mlle Martha, et cependant cette exploitation est,
elle aussi, très intéressante à connaître.

« Ce sont surtout, dans ce cas, des petits garçons qui se promènent.

« Les recettes de ces coureurs sont d'ailleurs
aussi très bonnes, surtout dans les cours où il y
a beaucoup de locataires, et où il est bien rare
qu'une croisée s'ouvre sans qu'un ou plusieurs
sous rebondissent immédiatement sur le pavé.

« Il m'a été donné de voir beaucoup de ces
enfants chanteurs ou musiciens des cours, et j'ai
dû constater que le plus grand nombre étaient
atteints de phtisie, grâce au métier qui leur est
échu.

« Il ne faut pas oublier une autre catégorie de
coureurs qui, ceux-là, quittent Paris, et font la
France, les stations balnéaires surtout.

« Tandis que les chanteurs et joueurs des
cours qui se servent des enfants n'accompagnent
ceux-ci qu'en très petit nombre, les chemineaux,
au contraire, sont toujours plus nombreux que les
petits qu'ils conduisent et qu'ils font chanter,
jouer ou danser, suivant les cas.

4.

« Ce sont bien ceux-là les plus malheureux
des enfants mendiants : non seulement, en effet,
ils courent la campagne par tous les temps, mais
tandis que les autres sont couchés dans un lit
plus ou moins mauvais, ceux-là, par les plus
grosses pluies, attendent dehors, l'estomac creux,
que les maîtres aient fini leurs parties au cabaret,
et quand, ayant grelotté pendant plusieurs heures,
ils peuvent se coucher, c'est le plus souvent dans
un fossé et, par les bons jours, dans une grange
qu'ils trouvent le repos d'une journée d'éreinte-
ment.

« Les gens qui organisent ces tournées sont
en général des sujets dont le maire de la commune veut se défaire et auxquels il fait délivrer
un livret de musiciens ambulants, de façon
qu'ils aillent commettre leurs délits ailleurs.
C'est tout simplement une permission de mendier et une excitation à exploiter et à martyriser
les enfants : car ces artistes improvisés se font
accompagner de leurs enfants, quand ils en ont,
et, quand ils n'en ont pas, ils en louent à des voisins, auxquels ils envoient le plus rarement possible le prix promis.

« Suivant le même ordre d'idées, nous avons

aussi le bohémien ou saltimbanque, qui traîne dans sa voiture de petits phénomènes qu'il a souvent achetés, quelquefois volés, et qu'il gratifie toujours d'une hernie ou d'une déviation de la colonne vertébrale, grâce à des jeux qui amusent le public et qui tuent les enfants.

« Ceux-là mangent et sont couchés, et pourtant, d'après une statistique récente, la moyenne de leur vie ne dépasse pas vingt ans. »

. . . . "

Voilà la situation.

Comment remédier au mal en s'en tenant aux ressources de la législation existante?

LES TOUT PETITS

Prenons d'abord l'enfant (*infans*) que l'on est obligé de porter dans les bras et qui est âgé de moins de deux ans. Tantôt c'est, comme nous le dit M. Berry, la mère qui le porte, qui l'expose au froid, à la pluie, sur quelque pont, pour apitoyer les passants; souvent aussi, c'est une étran-

gère, mendiante de profession, qui a livré le pauvre petit et qui ne se préoccupe pas de savoir si
l'enfant est assez bien vêtu et s'il ne risque pas
de mourir de froid ou de faim. La première est
parfois digne de pitié ; la seconde, jamais ; c'est
une faiseuse d'anges.

La justice intervient-elle pour protéger ces
pauvres enfants? Les lois actuelles ne sont-elles
pas suffisantes?

Depuis trois ans, nous avons vu les tribunaux
correctionnels prononcer quelques condamnations pour emploi à la mendicité, nous n'en
avons pas vu prononcer pour protéger des enfants
en bas âge. Est-ce donc que la préfecture de
police n'arrête pas les femmes qui portent des
enfants et mendient avec eux? Si, elle remplit
ce devoir du mieux qu'elle peut; elle amène
constamment sous cette prévention des femmes
au Dépôt; seulement toutes les personnes devant
lesquelles comparaissent ces femmes · et leurs
marmots ne peuvent se défendre d'un sentiment
de pitié en les voyant s'entasser au Dépôt; beaucoup sont immédiatement dirigées sur la maison
départementale de Nanterre, un nombre restreint
est envoyé devant les magistrats du petit Parquet.

Avant même que les loueuses d'enfants soient arrivées devant le magistrat qui les interrogera, les parents, prévenus de l'arrestation, sont venus retirer les enfants, ou bien, si la loueuse comparaît devant le magistrat avec le bébé sur les bras, le magistrat se préoccupe très rarement de lui demander si elle en est la véritable mère. La femme est-elle interrogée sur ce point, elle répond que l'enfant est son neveu ou son petit-cousin, et que, la mère le lui ayant abandonné, elle s'est attachée à lui. L'enfant pleure, a peur du magistrat plus que de la mégère qui le tient, et le magistrat, qui se trouve en présence d'une femme arrêtée en flagrant délit de mendicité, ne voit que deux choses à faire : pardonner et remettre la femme en liberté, ou l'envoyer immédiatement devant le tribunal correctionnel qui lui infligera de vingt-quatre heures à deux mois de prison, suivant qu'elle en sera à sa première ou à sa quinzième arrestation. Tandis que la femme subit sa peine, la mère vient rechercher l'enfant, qu'elle peut louer de nouveau à une autre exploiteuse, dans un de ces repaires dont il a été question plus haut.

Pourquoi l'enfant de moins de deux ans

employé à la mendicité n'est-il pas protégé? Cela
tient à un vice de notre procédure, à la loi des
flagrants délits.

Lorsqu'un homme commet un délit de peu
d'importance, ou tout au moins un délit dont la
preuve éclate au moment même de son arrestation, la loi permet de ne pas soumettre le cas
à l'instruction, d'éviter ainsi à l'individu une
détention préventive, de le traduire immédiatement devant le tribunal correctionnel. C'est
ainsi qu'à Paris les personnes arrêtées sur le
fait pour vagabondage, mendicité, vols à l'étalage, sont jugées dans un délai qui n'excède pas
cinq jours, après avoir été rapidement inter-
rogées, d'abord par un commissaire de police,
ensuite par un substitut siégeant au petit Parquet.

La multiplicité des affaires oblige ces magistrats à une extrême célérité.

Voilà comment les femmes portant des enfants
arrivent si vite devant le tribunal, prévenues
simplement de mendicité, alors qu'elles devraient être souvent prévenues d'emploi d'enfants à la mendicité.

Devant le tribunal, il n'est guère possible
d'intervenir. Voyez-vous l'avocat qui prend ordi-

nairement la défense des enfants arrêtés, venir
dire au tribunal : « Messieurs, donnez-moi ce
bébé! » Le gamin le regarde d'un air effaré et
se serre contre la femme qui le porte; celle-ci
l'embrasse avec effusion et s'efforce de pleurer.
« Ne m'enlevez pas mon enfant! » La scène
serait grotesque. Nous n'avons jamais osé intervenir en pareille occurrence, d'autant plus que
nous ne sommes jamais sûrs à ce moment que
la femme n'est pas réellement la mère du petit.

Pour remédier au mal, il suffirait d'ordonner
une instruction. Toutes les fois qu'un individu
est arrêté mendiant *avec des enfants,* il faudrait
se garder de le poursuivre séance tenante comme
prévenu de flagrant délit de mendicité, il faudrait l'envoyer devant un juge d'instruction.
Qu'arriverait-il alors?

Le magistrat pourrait faire venir l'acte de naissance de l'enfant, vérifier si l'enfant appartient
bien à la femme qui le portait; alors, selon les
circonstances, il lui serait loisible de pardonner
ou de faire exercer des poursuites; il se préoccu-
perait de l'intérêt de l'enfant et tiendrait compte
de la situation de la mère, qui peut être réellement malheureuse, réellement digne de pitié.

Si la mère est vraiment intéressante, le juge trouvera un moyen de la faire protéger efficacement.

Mais si le juge découvre que l'enfant était porté par une étrangère, il pourra alors rechercher les parents, apprécier s'il y a eu contrat de location d'enfants, et la loi pourra être appliquée.

Car enfin il existe une loi .pour protéger les enfants exploités ; elle est du 7 décembre 1874. En voici le texte :

Art. 3 :

« Quiconque emploiera des enfants âgés de moins de seize ans à la mendicité habituelle, soit ouvertement, soit sous l'apparence d'une profession, sera considéré comme auteur ou complice du délit de mendicité en réunion, prévu par l'article 276 du Code pénal (1), et sera puni des peines portées audit article. Dans le cas où le délit aurait été commis par les pères, mères ou tuteurs, ils pourront être privés des droits de la puissance paternelle, ou être destitués de la tutelle. »

(1) L'article 276 du Code pénal punit le délit de mendicité en réunion d'un emprisonnement de six mois à deux ans.

Cette loi est suffisante, mais il faut l'appliquer, et, pour l'appliquer, il suffit d'envoyer à l'instruction tous les individus arrêtés pour mendicité, lorsqu'ils ont avec eux des enfants.

DE DEUX ANS A DIX ANS

De deux à dix ans, l'enfant mendie rarement seul. Il suit un frère ou une sœur aînée qui le tire par la main, tout en implorant la charité des passants, ou bien il est suspendu aux jupes d'une femme qui, le plus souvent, n'est pas sa mère, et qui l'a loué avec un nourrisson et un ou deux autres gamins.

Si la femme est arrêtée, il arrive ce que nous venons de dire tout à l'heure. Elle seule est considérée comme passive du flagrant délit de mendicité; elle seule est envoyée au petit l'arquet et de là à une chambre correctionnelle, tandis que les enfants sont rendus aux parents qui viennent les réclamer, ou attendent son

5

retour, au Dépôt, pour aller avec elle à Nanterre.

. Si l'enfant était avec un frère ou une sœur de dix à seize ans, il a quelque chance d'être légalement protégé; nous verrons tout à l'heure comment.

Il mendie quelquefois seul, mais en général le père, la mère, ou quelque autre, surveille à une faible distance. Chaque fois que l'enfant a gagné une dizaine de sous, il court les porter à son exploiteur, puis revient prendre sa place indiquée, offrant des fleurs devant les cafés, insultant les garçons qui veulent le renvoyer, courant quelquefois ouvrir une portière.

Les agents n'osent guère arrêter ces petiots. S'ils interviennent, le public est contre eux; au poste, le commissaire s'efforce de prendre une grosse voix pour faire peur aux enfants, mais le plus souvent il hausse les épaules et rend le sujet à celui qui vient le lui demander.

Il y a pourtant quelques commissaires qui se décident à faire envoyer le gamin au Dépôt. Je me rappelle qu'une fois, une mère faisant sortir sa fillette de la Conciergerie la grondait vivement en ces termes :

« — Je t'avais pourtant bien dit de rester sur

le 9ᵉ (entendre arrondissement); mais voilà, tu préfères le 8ᵉ! Tu sais pourtant bien que le commissaire du 8ᵉ ne veut pas qu'on mendie. C'est bien fait pour toi... »

C'était le seul reproche qu'elle trouvait à formuler.

Malheureusement, quand le commissaire a envoyé l'enfant au Dépôt ou à la Conciergerie, les choses n'en vont guère plus loin, si le petit inculpé a moins de dix ans. A la Préfecture ou au petit Parquet, on adresse une remontrance au père ou à la mère qui *laisse* mendier l'enfant, mais on a pitié des larmes des uns et des autres, et l'on rit de celui qui voudrait intervenir pour dire : « Il y aurait peut-être lieu d'examiner s'il n'y a pas eu *emploi d'enfants à la mendicité.* »

Sitôt sorti, l'enfant va reprendre sa place sur les boulevards et gambade joyeusement autour de l'agent qui l'avait arrêté quelques jours auparavant, afin de bien lui montrer que ce n'était vraiment pas la peine de montrer tant de zèle. Aussi le bon agent, à moins qu'il ne soit trop nerveux, continue-t-il tranquillement sa promenade et ferme-t-il les yeux lorsqu'il voit l'enfant recommencer à mendier.

L'autre soir, je remontais le boulevard Saint-Michel, et, à quelques pas du café Vachette, j'aperçois Jeanne, une gamine de sept à huit ans qui n'était pas revenue à la Conciergerie depuis six mois au moins.

« — Il y a bien longtemps que je ne t'ai vue ; comment cela se fait-il ?

— J'ai pourtant bien failli me faire prendre tout à l'heure par des *bourgeois* », me répond Jeanne ; elle ajouta avec un ton d'excuse : « C'étaient des nouveaux. »

Espérons qu'il en viendra bientôt, des *nouveaux*, pour surveiller Jeanne de près et la voir porter à son père, qui la guette dans une rue voisine, le produit de sa collecte. Ils pourront alors démontrer que celui-ci exploite son enfant. Car si Jeanne continue à arpenter tous les soirs le trottoir du boulevard Saint-Michel, il est à craindre qu'à dix ans il ne soit trop tard pour en faire une honnête fille.

LES ADOLESCENTS

C'est à peu près vers l'âge de dix ans que l'enfant qui mendie commence à être assimilé au délinquant. Le danger apparaît. Le commissaire de police n'ose plus user de trop d'indulgence. Lorsque le petit mendiant lui a déjà été amené trois ou quatre fois, il se décide à l'envoyer au Dépôt; la Préfecture transmet le dossier au petit Parquet, et les enfants sont envoyés en prévention : les garçons à la Petite Roquette, les filles à la Conciergerie.

C'est alors que les Sociétés de patronage font bien d'intervenir et de voir si ces épaves appartiennent à des familles accidentellement indigentes, ou mendiantes de profession. Il y a deux ans, devant le tribunal de la Seine, les enfants arrêtés pour flagrants délits n'étaient pas envoyés devant un juge d'instruction; aussi avait-on les plus grandes difficultés pour les protéger.

En 1889, par exemple, nous nous étions proposé d'arracher à la mendicité deux fillettes qui opéraient sur la place du Théâtre-Français. Quand elles n'étaient pas à la Conciergerie, elles étaient à la porte de la Comédie et offraient des fleurs. La plus grande avait alors quatorze ans; sa mère la battait lorsqu'elle n'avait pas gagné deux francs dans sa soirée; mais lorsqu'elle était arrêtée, elle n'osait se plaindre, sachant bien qu'elle recevrait la correction la plus cruelle quand elle serait remise à sa mère; pourtant, une fois, elle eut le courage de dire au magistrat du petit Parquet qu'elle était employée à la mendicité par sa mère qui voulait même la livrer à la prostitution. Nous avons pu obtenir qu'une instruction fût ouverte. Mais quel témoin pouvait venir affirmer que la mère obligeait sa fille à mendier? Personne. La mère protestait de son innocence; il n'y avait absolument que la déclaration de l'enfant, et nous nous rappelons son effroi devant la perspective d'être rendue à sa mère, quand elle entendit M. le juge d'instruction nous dire : « N'est-ce pas vous qui lui avez donné le conseil d'accuser sa mère?» Heureusement, M. le juge d'instruction et le tri-

bunal voulurent bien croire à la sincérité de la
fillette; la déchéance de la mère fut prononcée
conformément à la loi de 1874, et l'enfant fut
placée, par les soins de l'Assistance publique de
Paris, à l'école d'Yzeure. Nous avons vu depuis
que nous ne nous étions pas trompés sur la
valeur morale de la mère, car l'année suivante
elle était encore condamnée pour avoir employé
sa seconde fille à la mendicité.

. L'autre petite mendiante de la place du
Théâtre-Français avait douze ans. Très espiègle
et redoutant plus encore que la première les corrections de ses parents, elle ne voulut jamais
consentir à dire la vérité au magistrat du petit
Parquet; aussi l'avons-nous vue, pendant un an,'
venir assez régulièrement tous les quinze jours à
la Conciergerie. Enfin, elle consentit, pour cesser de mener cette vie de mendiante, à déclarer
que ses parents ne la forçaient pas à mendier,
mais qu'elle ne voulait pas, malgré eux, cesser
de le faire, qu'elle avait de mauvais instincts et
qu'elle avait besoin d'aller en correction. C'était
de l'héroïsme. La pauvre gamine fut envoyée à
l'instruction, puis au tribunal, et sollicita avec
énergie son envoi en correction jusqu'à vingt

ans. Elle l'a obtenu, et nous savons que la Société du Patronage de l'enfance et de l'adolescence va la faire sortir en liberté provisoire de la maison d'éducation correctionnelle pour la placer en apprentissage.

Ces deux exemples nous montrent combien il est difficile, même lorsqu'une instruction est ouverte, d'établir la preuve du délit d'emploi d'enfants à la mendicité. Lorsque l'enfant est assez âgé, et qu'il paraît assez vicié, assez corrompu pour mériter l'envoi en correction, on lui applique l'article 66 du Code pénal; mais n'est-il pas triste d'être obligé de recourir à la *correction*, et de ne pouvoir plus tôt recourir à la *préservation?*

Pendant deux ans, nous avons vu quelques petits mendiants, de la place de la République, de Passy, des Champs-Élysées, arrachés à leurs exploiteurs par l'envoi en correction.

Nous nous rappelons par contre une fillette de douze ans qui, poursuivie pour mendicité devant le tribunal correctionnel, fut rendue à ses parents qui la réclamaient.

Deux mois après, nous l'avons revue sur les mêmes bancs; mais alors elle était accompagnée

de deux autres filles de onze et douze ans qu'elle
avait su dresser à la mendicité. Elle ne s'était
pas contentée de mendier, car elle était, ainsi
qu'une de ses camarades, atteinte de maladie
vénérienne. Cependant les parents la réclamaient
encore, car elle était pour eux d'un rapport suffisant.

Heureusement le tribunal apprécia que l'éducation qu'ils lui avaient donnée n'avait produit
que les plus détestables résultats. Le tribunal a
envoyé les deux petites malades en correction
jusqu'à vingt ans.

L'autre fillette a été rendue à ses parents!...

Les exemples ci-dessus montrent qu'il était
absolument impossible de protéger les enfants
employés à la mendicité lorsque les enfants
arrêtés pour flagrants délits étaient jugés, comme
les adultes, sans instruction préalable.

Depuis deux ans, la jurisprudence s'est heureusement modifiée devant le tribunal de la Seine.
L'instruction est requise *en principe* par le Parquet.

Il y a cependant encore bien des exceptions.
Non seulement il est souvent très difficile d'établir la preuve d'emploi d'enfants à la mendicité,
mais il paraît parfois inhumain de sévir.

5.

Cette année, par exemple, au mois d'avril dernier, j'arrive à la Conciergerie pour voir les
fillettes qui méritent de sortir de prison. L'une
d'elles, paraissant âgée de neuf à dix ans, vient
se camper fièrement devant moi, le poing sur la
hanche. Les cheveux noirs en broussailles, l'œil
vif, la bouche démesurément fendue, l'enfant
m'observe ; elle tortille ses lèvres, se demandant
s'il faut rester solennelle ou si l'on peut se permettre un sourire.

— Une petite mendiante, n'est-ce pas ? lui
dis-je d'un ton sévère.

— J' mendie pas, j' vends des épingles à tête
noire.

— Es-tu déjà venue à la Conciergerie ?

— Une seule fois avec ma grande sœur ; mais
je suis venue souvent au Dépôt avec maman
quand j'étais petite.

— Que fait-elle donc, ta maman ?

— Elle vend l... On l'a arrêtée plus de cent fois.

— As-tu des frères et sœurs ?

— Nous sommes six ; ma grande sœur qui a
quatorze ans vend aussi quand elle ne garde pas
mes petits frères qui sont souvent malades... Je
voudrais bien m'en aller, vous savez.

— Tu aimes donc bien courir... N'es-tu jamais allée à l'école?

— Non.

— Alors tu ne sais ni lire ni écrire?

— J' sais lire un peu; maman a des cahiers à la maison.

— Mais si tu n'apprends pas à lire et à écrire, tu n'arriveras jamais à gagner convenablement ta vie; tu seras malheureuse...

— Oh! d'abord, ma sœur qui a treize ans et qu' est allée à l'école vient de commencer son apprentissage;. il faut encore payer pour elle, tandis que moi...

— Sans doute, ta sœur ne gagne pas encore; mais elle est bien plus sûre de l'avenir, elle aura un métier.

— C'est un métier comme un autre d'être vendeuse; moi, je vends des épingles.

— Mais tu ne pourras pas en vendre toute ta vie, et tu risques beaucoup de ne pas devenir une honnête fille.

— Oh! faut pas croire que d'aller à l'école, ça rend honnête! Ainsi, tenez, la grande fille qui a été amenée avec moi à la Conciergerie... elle est sortie de pension à quinze ans; on vient de la

faire entrer en place; elle a volé la montre à son
patron!... Moi, je volerai jamais.

Le fait était exact; je déplorais en moi-même
que ma petite marchande fût en contact avec des
filles sortant de pension, mais si mal élevées; les
exemples que nous avions sous les yeux ne pouvaient servir à ma démonstration.

— C'est égal, je regrette qu'une fille comme
toi, qui paraît intelligente, n'aille pas à l'école.
Si tu savais bien lire et écrire, avec les aptitudes
que tu as, tu pourrais plus tard devenir bonne
vendeuse dans un grand magasin.

Elle resta un instant songeuse, puis se mit à
me raconter l'emploi de son temps.

— Je me lève habituellement à dix heures du
matin; je m'amuse, je déjeune; maman me
donne mon panier plein d'épingles qu'elle est
allée acheter aux Halles; je prends ensuite le
tramway et je descends au boulevard Haussmann
en face le n° 78; là je vends mes épingles...
Quand j'aperçois les agents, je rentre chez le
marchand de vin du coin de la rue de Rome
pour me rafraîchir... Il y a bien les bourgeois,
mais je fais attention.,. j'offre mes épingles
qu'aux dames.

— Si tu vends toujours au même endroit, tu dois avoir des pratiques habituelles!

— Oui, il y a une dame qui m'en prend pour quinze sous; elle dit qu'elle en a pour six mois. Je vends pourtant des épingles qui cassent; ça fait marcher le commerce.

— Gagnes-tu beaucoup par jour?

— Pas trop... parce que nous sommes plusieurs; je fais dans les trente sous; mais le dimanche, au boulevard Saint-Michel, avec des fleurs, je gagne dans les quarante sous.

— Sors-tu le soir?

— Pas souvent; cependant, je me couche quelquefois dans le jour, et maman me réveille le soir pour sortir; mais je ne veux pas toujours, parce que je suis fatiguée.

Nous étions vite devenus une paire d'amis; elle me raconta l'histoire d'un baptême de poupée, puis revint à son arrestation.

— Croyez-vous que je me suis laissé prendre pour un sou!... Ordinairement je donne des épingles; mais, hier, une dame me donne un sou et ne veut pas d'épingles... Je n'avais pas vu qu'un agent me guettait derrière une voiture! Il était pourtant en tenue. Je n'ai pas eu le temps

de sauter au bureau de tabac... Pour un sou!...
Ce que je l'aurais laissé, le sou, si j'avais su!...
Vous allez bientôt me faire sortir d'ici, n'est-ce
pas? Vous savez que je m'ennuie depuis hier. Je
suis habituée à trotter toute la journée; j'aime
l'air, j'aime le froid. Je veux partir.

— Tu aurais pourtant grand besoin d'être
mise en pension.

— Oh! d'abord, maman va venir me réclamer.

— Mais sais-tu bien qu'on pourrait te garder
et t'envoyer en correction pour avoir mendié?

— Non, je n'ai pas seize ans; on n'a pas le
droit si maman ne me signe pas de la correction... et elle ne m'en signera pas.

Je dus lui expliquer l'article 66 du Code pénal,
mais je lus dans ses yeux qu'elle prenait ce que
je lui disais pour des théories peu pratiques, et
qu'elle préférait interroger sur ce point de droit
les camarades du boulevard qui connaissent la
correction.

—Si tu sors, veux-tu me promettre de venir
tous les dimanches à un patronage, chez une
dame qui t'apprendra à lire, te donnera de bons
conseils, t'amusera et veillera plus tard sur toi?

— Je veux bien, dit-elle gaiement.

. . . .

Lorsque, le lendemain, je retournai au Palais de justice, j'appris que la mère s'était présentée au petit Parquet, avait réclamé en pleurant son enfant, et que le magistrat avait eu pitié...

J'aperçus notre espiègle qui sortait de la Conciergerie, son panier d'épingles sous le bras.

Radieuse, elle courut à moi :

— Achetez-moi des épingles!... Deux paquets pour un sou!.. Étrennez-moi! Ça me portera bonheur!

Elle m'offrit des épingles à cheveux, se rappelant qu'elle avait eu l'imprudence de m'avouer que ses épingles à tête noire ne valaient rien.

— Mais es-tu sûre que monsieur est marié? lui dit la surveillante.

— Laissez donc! Il trouvera bien moyen d'en faire cadeau...

. . . .

En voilà une, pensions-nous en terminant cette entrevue, qu'il est temps d'aller repêcher boulevard Haussmann.

Elle ne nous en a pas laissé le loisir.

Quinze jours plus tard, notre petite marchande
était de retour à la Conciergerie.   .   .   .

Elle n'avait pas voulu nous croire et persistait
à soutenir cette thèse que « vendre des épingles » n'est pas « mendier » ; que « vendre sans
autorisation de la préfecture » est tout au plus
une simple contravention, et que si parfois, à
raison de ses dix ans et de sa mine futée, quelqu'un lui donne un sou et refuse les épingles,
elle est en droit de ne pas rejeter le sou.

Cette fois-ci, Phonsine n'est pas contente. Les
journaux ont parlé de son arrestation. Ils ont
raconté qu'elle mendiait parce qu'elle avait peur
d'être battue par sa mère si elle ne rapportait
pas quarante sous dans sa journée. Elle a pro-
testé devant le magistrat du petit Parquet et a
montré qu'elle avait fait quarante-quatre sous
avant cinq heures, et qu'elle aurait pu faire à peu
près le double en restant à son poste jusqu'à sept.
Pour contredire la déclaration des agents, elle a
même osé dire : « Ils sont fous, les agents ! ».
Rien n'y a fait. Phonsine n'a pas été immédiatement relâchée comme elle l'a déjà été si souvent.
Son affaire est envoyée à l'instruction.

Aujourd'hui, écrivions-nous en relatant l'affaire, notre gamine commence à croire qu'il y a réellement des lois défendant aux petites filles de courir les rues et de vendre des épingles. Si elle ne les trouve pas justes, elle sent du moins qu'elles amènent des résultats bien désagréables.

Lorsque nous lui avons dit qu'elle allait être obligée de rester sous les verrous pendant trois ou quatre semaines, elle, si brave, n'a pu retenir quelques larmes; puis, les essuyant rapidement d'un revers de manche : « Voudrez-vous m'apporter une corde à sauter? »

.   .   .   .

Et nous ajoutions comme conclusion : Maintenant M. le juge d'instruction va se poser ces graves et délicates questions :

Une marchande d'épingles est-elle une mendiante?

Cette fillette de dix ans mérite-t-elle d'être enfermée dans une maison d'éducation correctionnelle?

Peut-on même la faire élever par des étrangers en l'enlevant à la famille qu'elle faisait vivre?

Une femme veuve ayant six enfants à sa charge

mérite-t-elle une condamnation lorsque, ne
pouvant pas subvenir aux besoins de la famille,
elle laisse ses enfants mendier ? '

Si cette femme est condamnée, mais non
déchue de ses droits de mère, peut-on la contraindre à donner telle ou telle éducation à sa
fille ?

Est-il humain de la déchoir de ses droits lorsqu'on sait que la déchéance à l'égard d'un enfant
entraîne, aux termes de la loi du 24 juillet 1889,
la déchéance à l'égard de tous les enfants nés ou
à naître ? etc.

. . . .

Comme il fallait s'y attendre, l'honorable juge
d'instruction a pardonné encore une fois, parce
que la mère était veuve et chargée de six enfants.

Est-il nécessaire de faire ressortir que cet acte
de mansuétude n'est pas une solution ?

S'il est évident, en effet, qu'on ne peut sans
cruauté condamner à la prison une mère dans
l'impossibilité de subvenir aux besoins de sa
famille, est-il, d'autre part, nécessaire que l'hon-
sine devienne une fille de débauche comme l'est
déjà sa sœur aînée ?

Sans doute la justice ne peut frapper lorsqu'elle se trouve en présence de misères imméritées, et qu'un adoucissement à ces misères ne peut être apporté par la charité publique ou privée. C'est cette pensée qui a inspiré le législateur, lorsqu'il a dit, dans l'article 274 du Code pénal :

« Toute personne qui aura été trouvée mendiant dans un lieu *pour lequel il existera un établissement public organisé afin d'obvier à la mendicité,* sera punie de trois à six mois d'emprisonnement et sera, après l'expiration de sa peine, conduite au dépôt de mendicité. »

Ainsi la justice ne peut châtier un mendiant que lorsqu'elle sait que ce mendiant aurait pu être assisté dans un établissement public organisé à cet effet.

S'inspirant de cette idée, la justice doit, lorsqu'elle est en présence d'une femme misérable, mère de plusieurs enfants, rechercher si cette femme a été efficacement secourue, lui indiquer officieusement comment elle peut l'être, et lui pardonner une première fois d'avoir mendié. Mais comme, à Paris, l'Assistance publique et les sociétés privées ne manquent pas pour venir au

secours de pareilles détresses, comme les établissements pouvant recevoir ces familles existent,
la justice doit faire preuve de fermeté en cas de
récidive, car sans cela l'habitude de mendier
serait bien vite prise par la femme et les enfants,
et ceux-ci ne tarderaient pas à arriver au vol ou
à la prostitution, en passant par le vagabondage
et l'oisiveté.

Quant aux parents qui ne sont point chargés
d'une nombreuse famille et qui ne louent leurs enfants ou ne les envoient mendier que pour vivre
grassement sans travailler et passer leurs journées au cabaret, quant à ceux qui maltraitent
leurs enfants lorsqu'ils ne rapportent pas chaque
soir une somme suffisante, quant à ceux qui les
estropient afin d'exciter davantage la pitié des
passants, ils ne méritent aucune indulgence et
doivent être frappés sans merci.

Nous ne demandons pas que tous soient déchus
de la puissance paternelle dès la première arrestation. Une condamnation à l'emprisonnement
suffira peut-être à ramener ces parents dans le
droit chemin, s'il n'y a pas trop longtemps qu'ils
en sont sortis. Il faut en effet se garder de briser
les liens d'une famille lorsque la famille n'est

que suspecte. Est-on bien sûr qu'élevé par des indifférents, l'enfant recevra une éducation meilleure que dans sa famille naturelle ? Ne le privez de l'affection d'une mère, de la direction d'un père, que dans le cas de nécessité absolue.

Lorsque des parents auront été condamnés deux fois pour emploi d'enfants à la mendicité, il n'y aura plus de doute à avoir. Leur indignité entraînerait à jamais la chute morale des enfants : leur déchéance s'impose. La loi de 1874 permet de la prononcer ; la loi du 26 juillet 1889 règle les conditions dans lesquelles les droits de la puissance paternelle passent à d'autres parents ou à l'Assistance publique, ou sont exercés par des sociétés de bienfaisance privée ou des particuliers.

Comme appendice de nos conclusions, nous ne pouvons mieux faire que de citer celles qui terminent le rapport de M. Berry. On remarquera que l'honorable conseiller municipal diffère un peu de nous en ce qu'il réclame une intervention législative, alors que nous nous contentons provisoirement des lois existantes et n'en revendiquons qu'une application plus pratique, spécialement en ce qui concerne l'instruction.

« Il ressort de notre étude, dit M. Berry,

qu'il faut surtout supprimer l'intermédiaire, celui qui loue la chair humaine et qui la livre. — Sans celui-là, en effet, il y aura bien quelques enfants de mendiants professionnels qui seront dirigés vers les métiers honteux, mais la grande quantité des petits qui s'adressent aujourd'hui à la charité prendra heureusement un autre chemin dans la vie.

« Le jour où il n'y aura plus le tentateur, le racoleur, où donc les parents disposés à tirer profit de leurs enfants pourront-ils s'adresser afin de les louer ?

« La plupart, laissés tranquilles chez eux, n'y penseront même pas.

« Il y a donc une première nécessité pour le législateur de réunir tous ses efforts afin de combattre l'agence et les agents d'exploitation pour enfants. Et véritablement je ne comprends pas que dans la loi de 1874, loi relative aux enfants employés dans les professions ambulantes, on ait complètement oublié les intermédiaires et placiers, qui sont ceux sur lesquels il faut frapper d'abord.

« Le législateur de cette époque a, avec raison, visé les parents et tuteurs qui placent leurs

enfants et pupilles sous la conduite de vagabonds, gens sans aveu et mendiants; comment
a-t-il oublié ceux qui sont les auteurs principaux
de ce délit?

« D'où première réforme légale qui s'impose : ajouter dans la loi un nouveau paragraphe
visant les racoleurs.

« Il serait nécessaire aussi que le ministre de
la justice rappelât aux tribunaux que la loi de
1874 existe, car j'ai constaté malheureusement
que cette loi, si nécessaire contre les parents dé-
pravateurs, est fort peu usitée.

« Un autre vœu qu'il conviendra de faire
consistera à demander au Parlement d'augmenter dans une large mesure les sommes votées
pour l'Assistance des enfants, de façon que
les communes puissent avoir les moyens de recueillir tous les enfants travaillant pour le
compte des mendiants, musiciens ambulants,
fleuristes d'occasion, loueurs de groupes chan-
tants, et exploiteurs en un mot de la jeunesse.

« En continuant dans cet ordre d'idées, je
proposerais que tout enfant suivant cette sorte
de gens soit, d'office, et par une loi, déclaré

moralement abandonné et conduit dans l'hospice des enfants assistés du département où il
est né.

« De cette façon, toute location ou tout achat
de sujets sera considérablement restreint lorsque
les locataires et les acheteurs craindront, à chaque instant, de se voir privés du travail de ceux
qu'ils ont payés.

« Et si on m'objecte que le budget de l'État
ne peut pas augmenter ses dépenses d'assistance,
je répondrai que ce nouveau déboursé sera loin
d'être perdu, car, en le consentant, on sentira
bientôt un soulagement du côté des dépenses
faites pour les différentes prisons d'hommes et
de femmes.

« Et comme tout à l'heure, après le vœu
d'une délibération législative, la demande d'une
circulaire.

« Les maires des campagnes, comme je l'ai
déjà montré, quand ils ne peuvent pas se débarrasser des mauvais sujets de leur commune en
les expédiant sur Paris, leur délivrent des auto-
risations de chanter dans les campagnes ; auto-
risations qui servent en même temps à tous les
enfants qu'il plaît au bénéficiaire de l'autorisa-

tion d'emmener. Eh bien! il faut, à tout prix,
que le ministre de l'intérieur rappelle aux maires dont il s'agit que les permissions pour professions ambulantes doivent être données dans
de rares exceptions à des estropiés, et que, dans
tous les cas, elles ne comportent jamais le droit
d'exploiter l'enfance.

« Ce sont là les grandes réformes d'ensemble
qui me semblent urgentes et qu'il faut s'appliquer à réaliser avant tout.

« Doivent venir ensuite d'autres moyens de
protection de l'enfance qui s'ajouteront efficacement aux précédents, et qui dépendent presque exclusivement du préfet de police.

« Il y a sur les petits livrets des nourrices des
prescriptions justes et sévères que, hélas! on
néglige par trop dans toutes les maisons de
nourrices, comme cela se fait d'ailleurs pour
toutes les prescriptions administratives.

« Que M. le préfet de police tienne la main à
leur exécution, et que, de plus, il soit invité par
le conseil municipal à faire surveiller les abords
des maisons de nourrices, pour que les nourris-
sons ne servent pas à autre chose qu'à faire
apprécier la bonté du lait de la nourrice.

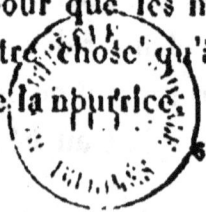

« Que, de même, M. le préfet de police veuille
bien donner aussi aux agents la mission d'empêcher tout embauchage d'enfants dans les cités
habitées par les chiffonniers et les familles malheureuses.

« N'est-il pas suffisamment armé par la loi
qui interdit aux parents de confier leurs enfants
aux vagabonds, mendiants et gens de métier sans
nom ?

« Cette loi l'arme de même, d'ailleurs, pour
lui permettre d'exercer une surveillance efficace
autour des cafés où ont l'habitude de venir jouer
et chanter le soir les jeunes musiciens ambulants,
et dans les rues où les petites marchandes de
fleurs ont l'habitude d'exercer leur métier.

« Enfin, il faut lui demander aussi son aide
pour empêcher toutes ces exhibitions enfantines
dans les cirques, concerts et théâtres.

« On voit, par là, que même avant la confec-
tion des lois, chose qui demande toujours un
long temps, on peut dès maintenant entraver
l'exploitation des petits mendiants par la simple
volonté d'agir. »

M. Berry termine en préconisant, non plus
seulement pour les enfants, mais pour les adultes

des deux sexes, la création de colonies agricoles
qui, selon lui, mettront fin à la mendicité en
France.

Il nous reste, pour clore ce chapitre, un dernier point de vue à envisager.

Comment peut-on guérir un enfant des habitudes de mendicité, lorsque la déchéance de ses
parents a été prononcée?

Ici, il nous paraît difficile de répondre par un
principe absolu.

Les enfants demandent à être étudiés un à un,
suivant le caractère, suivant les habitudes contractées. A celui-ci le placement isolé conviendra,
tandis qu'à celui-là il faudra la discipline d'un
établissement. Ce que l'on peut dire, c'est qu'en
général, pour les enfants en bas âge loués à des
mendiants, le meilleur placement est le placement familial tel qu'il est pratiqué par l'Assistance publique de Paris pour les enfants trouvés,
parce que, le plus souvent, les parents nourri-
ciers s'attachent à leurs pupilles, des liens d'affection réciproque se forment, et il semble que
les enfants acquièrent une véritable famille.

Plus tard, lorsque les enfants ont plus de sept

à huit ans, il faudra rechercher, avant de les placer, s'ils ont déjà un goût très prononcé pour le
vagabondage, les habitudes grossières, et s'ils
sont susceptibles de se corriger par le simple
contact des braves gens disposés à les élever.
Bien souvent, il faudra un frein plus énergique
et des procédés d'éducation plus sûrs. Il sera bon
de placer les enfants, s'ils ne sont pas pervertis,
dans des établissements ordinaires; s'ils sont
déjà vicieux, dans des établissements spéciaux
et correctionnels.

LES PETITS MARTYRS

Devrait-on, dans un ouvrage consacré à l'enfance criminelle, avoir à s'occuper des petits martyrs?

Quel crime ont-ils commis, eux dont le corps fut créé pour souffrir, et les yeux pour pleurer?

C'est cependant en prison que nous les rencontrons, et, à ce titre, ils nous appartiennent.

La prison, amère ironie! qui est pour les autres le châtiment suprême, est pour ceux-là un port de salut, l'endroit où des grilles hautes et solides les séparent de leurs bourreaux, où ils pourront dormir et manger presque à leur faim. Heureux ceux que la prison recueille à temps!

Comment y sont-ils venus?

La plupart d'entre eux ne sont pas, comme on pourrait le croire, des orphelins tombés depuis

6.

leur extrême enfance entre des mains étrangères,
et torturés en vue d'une exploitation quelconque.
Peut-être ce cas se présente-il pour des petits
mendiants ou des petits saltimbanques, mais
c'est assurément l'exception. La légende de l'enfant volé et disloqué doit se réduire à sa juste
valeur. Quand un mineur sans père ni mère est
maltraité par son nourricier ou son patron, il
n'est pas rare que les voisins, les indifférents
interviennent. En tout cas, ils ne se font aucun
scrupule de dénoncer le fait aux autorités, et
celles-ci agissent.

Tout autre, au contraire, est leur conduite,
s'ils se trouvent en présence d'un semblant de
famille régulièrement constituée. Alors les mieux
intentionnés hésitent : *ils n'osent pas.* Les consciences froissées se consolent de leur lâcheté
avec des apophtegmes et des aphorismes. « Il ne
faut pas se mêler de ce qui ne nous regarde
pas. » « Chacun est maître chez soi », etc.

Ainsi donc, si tout étranger qui a charge d'enfants est en état de suscipion légitime, il semble
qu'il y ait immunité complète pour les parents
auxquels il plaît d'exercer avec barbarie le droit
de correction paternelle. Quand la police a fait

son œuvre, que le bourreau est arrêté, les langues
se délient et les cœurs sont soulagés ; mais bien
rares sont, en pareille matière, les gens qui con-
sentiraient à se faire gendarmes eux-mêmes. On
serait heureux qu'un autre prit l'initiative; quant
à la prendre personnellement, on n'y songe
pas.

Souvent nous lisons dans les colonnes de journaux qui relatent ces drames de l'enfance :
« Les agents ont eu toutes les peines du monde à
protéger la femme X... contre l'indignation de
la foule, qui voulait lui faire un mauvais parti. »
Il faut croire que les agents arrivent toujours
bien à propos, ou que l'indignation de la foule
est toute cérébrale, car je ne me souviens pas,
depuis vingt ans, d'avoir vu aboutir un seul de
ces prétendus *lynchages.*

Les coupables arrivent intacts à l'audience,
et, là encore, s'ils sont père ou mère *légitime* de
la victime, ce titre, qui devrait être une
aggravation de leur crime, leur est compté
comme circonstance atténuante. Ils ne manque-
ront pas d'un bon avocat pour s'écrier : « Messieurs les juges, ne touchons pas à l'arche sainte
de la famille! — L'enfant avait de mauvais in-

stincts; c'est pour les réprimer que son père le
corrigeait, peut-être trop sévèrement, j'en con-
viens, mais dans un but assurément louable. Sa
punition, à lui, n'est-elle pas déjà assez cruelle?
Voilà un homme d'une scrupuleuse probité, son
casier judiciaire en fait foi, assis sur le banc
d'infamie après avoir été, pendant la prévention, mêlé à la tourbe des malfaiteurs. Cet
homme pleure, son cœur n'est donc pas insen-
sible, il regrette sa faute, il en mesure l'étendue
et ne demande qu'à la réparer. Déjà l'enfant lui
a pardonné; serez-vous seuls inexorables? »

Le petit martyr, lui, n'a pas d'avocat. C'est
le ministère public qui parle en son nom, le ministère public, fort embarrassé de la situation qui
le force à invoquer la déposition d'un fils contre
son père. L'enfant arrive tout ébaubi à l'audience. Ses plaies sont cicatrisées, il n'a plus la
mine souffreteuse des premiers jours, il n'a pas
l'air « si malheureux que cela ». Des gens bien
intentionnés lui ont fait comprendre qu'un mot
de lui pouvait envoyer son père au bagne, et
comme il n'est pas rare que ce petit cœur meurtri soit un cœur sensible, il hésite, il balbutie, il
se trouble, se dément. Et de sa déposition con-

fuse se dégage cette impression qu'il a peut-être bien menti ou exagéré les faits.

C'est ainsi que l'homme « d'une scrupuleuse probité » s'en tire quelquefois avec un acquittement, au pis aller avec quelques mois de prison, alors que le simple exposé des faits avait, peu de semaines auparavant, excité un immense courant d'indignation.

D'où vient cette timidité du voisin et du juge, cette circonspection des mœurs et de la loi, quand on se trouve en présence de la puissance paternelle?

Assurément d'un héritage de nos traditions latines, du souvenir de la loi qui faisait du père non seulement l'éditeur responsable et le protecteur-né de son enfant, mais son maître absolu, ayant sur lui droit indéfini de correction, droit de vie et de mort.

« Le passé ne meurt jamais complètement pour l'homme, disait récemment M. Jules Simon, dans son discours à l'Académie des sciences morales sur la vie et les œuvres de Fustel de Coulanges. L'homme peut bien l'oublier, mais il le garde toujours en lui. Il le rappelle et le raconte par toutes les manifestations de sa vie, et nos pères revivent en nous à notre insu. »

Ici il ne s'agit plus seulement d'un rite ou d'une croyance, mais d'une pratique incessante fortifiée par l'autorité des législateurs successifs.

Accarias disait : « Nous avons le droit romain dans le sang. »

Si l'on envisage pourtant la série des très lentes modifications que le temps et les mœurs ont amenées, dans nos coutumes d'abord, dans nos Codes ensuite, on constate une limitation progressive de l'autorité paternelle, au point que l'ancien droit de vie et de mort se résout, de nos jours, en un droit d'emprisonnement qui ne peut excéder six mois.

Il faudrait un effort de plus, non pas pour restreindre les effets légalement coercitifs de la puissance paternelle, lesquels sont très suffisamment tempérés, mais pour vulgariser cette vérité morale qu'au sein de sa famille le père n'est qu'un tuteur, et qu'il est responsable vis-à-vis de la société de tous ses excès de pouvoir. Il faudrait qu'en face des droits qu'il revendique on définit mieux ses devoirs. Il serait nécessaire aussi qu'on spécifiât les droits de l'enfant qui n'a pas demandé à naître, et envers qui l'humanité est comptable de toute injustice, faute de quoi elle perd le droit de châtier si, un jour, l'enfant lui applique · la peine du talion en devenant criminel.

Nous devons, d'ailleurs, reconnaitre que le législateur moderne a une tendance très marquée à assurer la protection des enfants, même au détriment de la puissance paternelle. En 1874, il s'est préoccupé des enfants placés en nourrice, des enfants employés dans les manufactures. En 1882, il a obligé les parents à donner à leurs enfants l'instruction primaire. Il a aussi, le 7 décembre 1874, édicté des peines sévères contre les parents qui livrent leurs enfants à des saltimbanques ou les emploient à la mendicité, et il a invité les tribunaux à prononcer contre ces parents la déchéance de la puissance paternelle. Il a trouvé ensuite que cette déchéance devrait être prononcée de plein droit dans un grand nombre de cas et pourrait être facultative dans d'autres; il a exprimé cette pensée dans la loi du 24 juillet 1889.

Dans les ménages réguliers, il est rare de rencontrer des petits enfants systématiquement maltraités : la plupart du temps, en ce cas, l'affection de l'un des deux époux tempère ou refrène la brutalité de l'autre. Le fait n'est cependant pas sans exemple, mais on remarque qu'alors cette aversion collective se concentre sur un seul enfant, tandis que ses frères et sœurs sont épargnés.

C'est souvent à une infirmité physique ou intellectuelle que le petit malheureux doit sa persécution.

Tout jeune, il était malpropre : dès qu'on le crut en âge de comprendre, peut-être avant, on le frappa pour le corriger. Comme son état tenait à une faiblesse organique, et non à la mauvaise volonté, les coups ne le guérirent point. Alors les mauvais traitements continuèrent. On le fit coucher sur un sac de copeaux qu'il pouvait souiller tout à loisir, on se déshabitua de lui donner les soins quotidiens qui ne suffisaient pas à le tenir dans un état convenable. Il devint débile, peut-être repoussant par sa crasse et sa saleté. On lui donna pour vêtements les haillons hors de service des autres enfants, on le séquestra dans un grenier ou dans quelque cabinet noir, où ses pleurs et ses cris ne pouvaient plus importuner personne. Au bout de quelque temps, le petit paria devient un objet de répulsion, un

souffre-douleur pour les autres enfants, quelquefois pour ses frères et sœurs. Un traité d'anthropologie criminelle cite le cas d'un de ces
infortunés que sa sœur invitait à venir l'embrasser. Elle avait préalablement placé entre ses
dents une épingle dissimulée sous ses lèvres, et
quand, confiant, le marmot approchait, elle lui
enfonçait l'épingle dans la chair vive. L'enfant
poussait des cris terribles; la mère survenait et le
rouait de coups :

« Au moins, disait-elle, cela lui apprendra
à crier pour quelque chose. »

A ce régime, l'enfant devint idiot. Il est actuellement dans un service d'un de nos établissements hospitaliers.

D'autres fois, quand le père et la mère sont
alcooliques et ont, l'un et l'autre, l'ivresse
cruelle, ils battent leurs enfants d'un commun
accord quand ils ne s'assomment pas entre eux.

Plus rare est la concordance simultanée de
cette forme particulière du sadisme, qui se
repaît du spectacle de la douleur pour la jouis-
sance même qu'il trouve en elle.

Nous avons aussi la variété de la brute qui
frappe pour rien, pour se détendre les nerfs,

7

pour se consoler de ses contrariétés : tel le char-
retier qui assomme son cheval de coups de fouet
parce qu'on ne lui a pas donné de pourboire, ou
parce que le pavé est glissant. Ceux-là n'ont pas de
cheval, mais ils ont un fouet. Ils l'exercent sur
leurs enfants.

Encore une fois, ces cas sont rares dans les
ménages réguliers. Où la situation des enfants
commence à devenir vraiment terrible, non plus
à l'état de rare exception, mais avec une certaine
fréquence, c'est lorsque, le père ou la mère étant
mort, le survivant se remet en ménage régulier
ou irrégulier avec une autre personne. D'autres
enfants naissent de ce second lit, et les premiers
deviennent un objet de haine pour ces cœurs
pervertis.

Combien de petits vagabonds ai-je interrogés,
qui m'ont fourni des réponses dans ce genre :

— Pourquoi t'es-tu enfui de chez toi ?

— Parce que j'étais malheureux.

— Tu as un père et une mère?

— J'ai encore ma mère, mais mon père est
mort il y a cinq ans.

— Est-ce que ta mère te battait?

— Oh! non, monsieur.

— Alors pourquoi l'as-tu quittée?

— Parce qu'elle est avec quelqu'un.

— Et ton... beau-père le maltraitait?

— Oui. Il ne voulait pas me nourrir, et il me forçait souvent à coucher dehors.

— As-tu des petits frères?

— J'en ai un de deux ans.

— Est-ce que ton beau-père le battait aussi?

— Non, jamais; celui-là, il l'aime bien.

D'autres fois il s'agit d'un enfant né hors mariage, légitimé par un homme qui n'est pas son véritable père, et dont la présence rappelle le souvenir d'une faute antérieure, est comme un reproche vivant et perpétuel qu'on voudrait pouvoir anéantir.

Enfin, lorsqu'un ménage vient à être brusquement rompu, non par la mort, mais par l'inconduite ou la disparition d'un conjoint, il n'est pas rare que l'enfant abandonné porte le poids de la haine vouée au fugitif ou à la fugitive.

De ce nombre était la petite Marie R..., qui échoua un beau matin de novembre dernier à la gare de l'Est, et fut arrêtée sous inculpation d'infraction à la loi des chemins de fer. Voici comment un journal racontait la chose :

LA PETITE VOYAGEUSE SANS BILLET

« — Votre billet...

« Pas de réponse.

« L'enfant à qui cette question s'adresse se blottit dans son coin et, peureuse, se fait toute petite.

« — Votre billet!

« — Monsieur, je n'en ai point.

« En attendant le jour entrevu dans certains rêves communistes où le chemin de fer sera gratuitement à la disposition de chacun, il faut payer sa place.

« C'est ce que le commissaire de surveillance expliqua à la petite fille de onze ans et demi, qui avait usurpé sans droit un coin dans un wagon de troisième depuis Provins jusqu'à Paris.

« Mais ce commissaire, tout en faisant son devoir et en emmenant dans ses bureaux la coupable pour l'y tenir prisonnière, n'était point si courroucé qu'il ne s'aperçût que la pauvre enfant ne marchait qu'avec une difficulté si grande que chacun de ses mouvements lui arrachait un cri de souffrance. Il fit asseoir la fillette, il adoucit sa voix, et, dans ses mains, il prit paternellement les menottes rouges qu'on lui abandonna.

« Et la voyageuse, confiante, avec une touchante naïveté, raconta son histoire.

« Je me suis sauvée ce matin, au petit jour,
« de chez papa, qui habite à D..., près de Pro-
« vins. Il voulait me tuer, et si je n'étais pas
« partie, je serais morte maintenant.

« Il n'a de fille que moi... Ma mère, divorcée
« d'avec mon père, n'est plus à la maison... Elle
« est à Paris, je ne sais où, avec un homme que
« je ne connais pas... J'ai été laissée à mon père,
« qui, jusque-là, n'avait pas été trop méchant
« avec moi... Tout à coup il changea, je lui
« devins odieuse...

« Il me battait... comme si de me voir pleu-
« rer dans sa rage ça lui faisait du plaisir. Mon-
« sieur, je ne comprends pas pourquoi... si je ne
« suis pas meilleure qu'une autre... je ne suis
« pas plus mauvaise... Je fais ce que je peux...
« A la maison, je faisais la cuisine, le ménage...
« et les voisins me disaient pour mon âge très

« raisonnable. Hier, je servais la soupe... « Il
« n'y a pas assez de choux! m'a dit mon père.
« — Il y en avait, je croyais, pourtant bien la suf-
« fisance. — Non, qu'il m'a répété, il n'y a pas
« assez de choux. » Il m'a traitée de toutes
« sortes de choses, puis il a saisi un bâton et
« m'en a tant frappée sur la tête, là... tenez,
« monsieur, tâtez, que le bâton s'est cassé. »

« Le commissaire ôta la capeline, écarta les
cheveux et, à l'endroit désigné, vit une blessure
qui sanguinolait. Dans les lèvres de la plaie
adhérait encore une esquille.

« Le sang avait coulé le long des cheveux,
qui étaient collés; il avait sillonné le cou, et
quelques taches gluantes tachaient aux épaules
le tablier de la petite martyre.

« Ce ne fut pas des gardiens de la paix que
le commissaire de surveillance requit, mais un
médecin qui pansa la plaie et qui aperçut,
découvrant le cou, que le corps de l'enfant
n'était qu'ecchymoses. Tandis qu'on l'examinait,
l'enfant continuait son récit.

« La semaine dernière, papa m'a fait coucher
« trois nuits dehors. Il m'avait, l'avant-veille,
« jetée par terre, et avait sauté à pieds joints sur

« mon estomac. C'est depuis que j'ai tant de
« peine à respirer. »

« Après un pansement sommaire, l'enfant fut
envoyée... A l'hospice? Non, à la Conciergerie.

« Elle a le corps meurtri, et sa tête saigne.

« C'est possible, mais elle a voyagé sans billet.

« Son cas? Blessures graves nécessitant un
traitement immédiat.

« Vous n'y êtes pas. Son cas, c'est : Inculpation d'infraction à la police des chemins de fer. »

Pour celle-là, la prison était le refuge. Elle
ne tarda pas à y être recueillie par le Patronage
de l'enfance, auquel le juge d'instruction chargé
de l'affaire voulut bien la remettre sans délai.
Cette société de bienfaisance fit immédiatement
les démarches nécessaires pour amener la
déchéance paternelle du sieur R..., et mettre à
jamais la petite Marie à l'abri de ses atteintes.

Pour ces sortes d'inculpées, en effet, il n'est
guère que la philanthropie privée qui puisse
s'exercer efficacement, car il y aura toujours
quelque chose de douloureux à confier au service des moralement abandonnés de l'Assistance
publique ces pauvres êtres envers qui la société
a jusque-là rempli si mal son rôle de protectrice.

Nous ne multiplierons pas ici les histoires
d'enfants martyrs : il n'y aurait cependant
qu'à puiser à pleines mains dans les dossiers
que nous possédons à ce sujet. Mais il nous
semble superflu de plaider une cause gagnée
d'avance devant la pitié de nos lecteurs.

Je terminerai donc cette série lamentable par
le cas de la petite B..., qui, tout aussi navrante
dans ses prémisses, se termine par une note
moins triste. Il y a là une idylle enfantine qui
peut avoir quelque saveur pour ceux qui aiment
les documents sincères.

Les époux B..., arrêtés pour avoir martyrisé
leurs deux petites filles âgées de neuf ans et
quatre ans, avec des raffinements inouïs de
cruauté, semblent avoir pris à tâche d'éprouver
la limite de sévérité que peut atteindre la loi
pour la répression de faits semblables. Il est
difficile de trouver des termes mesurés pour
retracer les faits.

Il faut bien rappeler, cependant, que la rage
de la femme B..., la principale accusée,
s'exerçait surtout contre la petite Adelphine, sa
fille aînée, et que, pour éviter les contusions et
les plaies apparentes qui eussent pu dénoncer

ses sévices aux voisins, elle relevait les vêtements de sa victime et lui brûlait le ventre, les
cuisses, avec de l'eau sédative pure ou des fers
rouges. Quand la blessure menaçait de se refer-
mer, la mégère l'avivait avec une nouvelle asper-
sion d'eau sédative mélangée de vinaigre. Afin
d'expliquer les cris horribles qui s'échappaient
de son logement, pendant ces exécutions, la
femme B... confiait aux gens de la maison
qu'Adelphine avait de « mauvaises habitudes »,
et qu'elle était obligée de la corriger journellement. Enfin, un jour, après une scène qui ne
peut se décrire ici, l'enfant se traîna éperdue à
son école. Sa maîtresse, voyant ce petit visage
ravagé par la souffrance et s'apercevant que la
fillette ne pouvait plus ni marcher ni s'asseoir,
la prit en particulier et l'interrogea. Adelphine
baissait la tête, et l'institutrice désespérait d'obtenir le moindre aveu, quand elle vit des gouttes
de sang qui s'échappaient des vêtements de son
élève. D'un geste rapide elle lui releva la jupe
et poussa un cri d'horreur. Le corps d'Adelphine n'était qu'une plaie. .

Le soir, la femme B... était incarcérée, et
la petite martyre envoyée à l'hôpital.

7.

C'est ici que commence l'idylle.

Tous les journaux, dans les premiers jours de novembre 1891, racontèrent, à la rubrique des faits divers, les événements que nous venons de rappeler. D'un bout de la France à l'autre, ils provoquèrent une grande commisération,. car si les bonnes gens sont peu pressées d'intervenir pour arracher les enfants à leurs bourreaux, ils ont la larme facile quand les victimes sont entre la vie et la mort. Donc, on lut le fait divers d'Adelphine, on s'apitoya, puis chacun retourna à ses affaires ou à ses plaisirs, qui à son bureau, qui à sa partie de cartes, et, vingt-quatre heures plus tard, de la petite B... il n'était plus question.

Seul un petit garçon, à peine plus âgé qu'Adelphine, un jeune apprenti d'une ville de la Gironde, serra soigneusement le journal. Il avait remarqué qu'on donnait l'adresse de l'hôpital où était soignée la petite fille, et il voulait lui écrire. Le lendemain, sans en rien dire à personne, si ce n'est à sa mère, il prit sa meilleure plume et traça les lignes qu'on va lire. Est-il besoin d'affirmer que je n'y change rien, pas même l'orthographe fantaisiste ?

« Libourne, le 8 novembre 1891.

« MADEMOISELLE,

« Vous me pardonnerez si je me prend la permission de vous écrire. Mais d'après ce que j'ai
lu sur le journal qui disait que votre état était
très grave... et depuis, plus de nouvelles de
vous j'en été très-inquiet.

« Vous vous demanderez qui c'est-il qui demande de vos nouvelles ; ce n'est pas un parent
cet un ami !

« Depuis que j'ai appris ce que vous avez souffert je vous ait pris en amitié et je vous avoue
que je vous aime.

« Si je l'avais sus plutôt qu'on vous faisiez souffrir, et si j'avais été votre voisin, vous n'auriez
pas si longtemps souffert. Je n'aurai pas crains
les menaces de votre père. Je n'aurai regardait
que mon devoir de vous sortir des mains de ces
deux misérable. Je vous assure que si gi avait
été m'ont fusil leur aurait servit, et pourtant je
n'ai que quatre ans de plus que vous, mais
j'aurai préféré mourir sur les menaces de votre
père que de vous laisser souffrir.

« Vous devez avoir de la reconnaissance pour
votre maîtresse, qui n'a pas écouté ces menaces,
mais qui n'a écouté que son devoir, et les voisins n'ont écouté que leur salut.

« Faite moi réponse je vous envoie le timbre,
mais je pense qu'on vous donnera de quoi m'é-
crire.

« Votre ami qui vous aime et vous aimera
toujours.

« PIERRE C...

« Voici mon adresse :

« Rue Troquart (près impasse), Libourne
(Gironde). »

A l'hôpital, les gens qui s'intéressaient à
Adelphine trouvèrent la lettre gentille et lui
permirent d'y répondre. Malheureusement, la
réponse n'a pas la même saveur que la première missive, car on sent que l'enfant a été
aidée à formuler sa pensée. Les grandes personnes ont gâté ce style épistolaire.

« Paris, le 7 novembre.

« MONSIEUR,

« J'ai reçu votre aimable lettre ce matin qui

m'a fait un grand plaisir, car je suis vraiment
touché de la sympathie. Vous êtes bien bon,
Monsieur, de vous intéresser à une petite fille
aussi malheureuse que moi. Car aujourd'hui, je
n'ai plus ni père, ni mère, et dès que je serai
complètement guéri l'on m'emènera à la sis-
tance publique.

« Cependant je n'ai pas trop à me plaindre,
car a l'hôpital où je suis les religieuses sont été
de bonne mère pour moi et m'ont bien gâter.
Vous devez comprendre si j'étais heureuse de
recevoir quelque caresse moi qui ne les avait
jamais connu. Je ne dois cependant pas oublié
mes bonnes maitresses qui m'ont sorti de la misère ou j'étai. »

Cette lettre n'était pas signée et se terminait,
comme on voit, un peu en queue de poisson.
Adelphine renvoyait à Pierre le timbre qu'il lui
avait adressé pour l'affranchissement.

Quelques jours plus tard, le petit garçon écrivait de nouveau :

« MADEMOISELLE,

« J'ai vu que la lettre que je vous ai envoyier

vous a fait un grand plaisir, et je suis très content de voir que vous m'aimez autant que je vous aime.

« Ne croyiez pas que parce que vous êtes malheureuse, que je ne vous aime pas, au contraire je vous aime encore plus, mais j'ai le cœur gros en voyant que nous sommes si loin l'un de l'autre. Si vous restiez dans la ville où je suis, ma mère et moi serait contente de vous prendre en amitié, et moi de vous regardez comme ma sœur. Ne croyiez pas que nous sommes riches nous vivons de l'argent de notre travail, mais vous seriez heureuse quand même. Je vous enverrai de temps en temps des choses qui je pense vous feront plaisir.

« Je vous écris aussi pour voir ce que vous voudriez que je vous envoie, car je suis embarrasser. Ne vous géné pas, parler comme si j'était votre frère et je vous renverrai ce que vous me demanderez.

« Vous seriez bien aimable si vous vouliez signer votre lettre de votre aimable nom.)

« A l'heure que je vous écris, ma mère est au lit de l'influenza. Je ne sais pas si il cour à Paris, mais je crois que non, car il y a un voisin de là où je travaille qui il y a été et qui m'a dit qu'on n'en parler pas. Enfin, si il court, tacher de ne pas l'attraper, moi je fais mon possible.

« Vous vous demandrez pourquoi je ne parle pas de mon père. Il est mort il y a trois ans, et si il n'était pas mort avec ce qu'il gagnerai j'aurai tacher de vous envoyer plus d'affaire que je vous promets et que je tiendrai. Faites moi réponse le plutot possible, je serai très content.

« Je vous renvoie le timbre pour que vous gardier vos trois sous pour vous acheter des bonbons.

« Je termine ma lettre en vous embrassant de tout mon cœur.

« Votre ami dévoué qui vous aime et vous embrasse.

« PIERRE C... »

La petite Adelphine n'est plus à l'hôpital. Le Patronage de l'enfance, prouvant en cette occasion une fois de plus sa bienfaisante utilité, a recueilli l'enfant et lui a trouvé un protecteur qui payera une petite pension pour elle jusqu'à ce qu'elle atteigne treize ans et puisse être mise en apprentissage.

C'est une blondinette de neuf ans, aux grands yeux noirs, très caressante et douée d'un si heureux naturel qu'elle ne se souvient déjà plus de son martyre passé que comme d'un vieux cauchemar fantastique. Elle n'a point conservé ces allures de chien battu et ces tremblements nerveux qui sont comme la diathèse des enfants maltraités. Depuis quinze jours, sa vie n'est qu'un sourire. Il est vrai que la pauvrette a tant d'arriéré à rattraper!

Dimanche, nous nous promenions ensemble, car j'ai l'avantage d'être un peu son ami, son confident même, puisqu'elle me fait lire les lettres de son amoureux, et je lui demandai ce qu'elle allait réclamer de Pierre comme cadeau :

— J'ai pensé à cela toute la journée, me répondit-elle.

— Et que vas-tu lui dire de t'envoyer?

— Son portrait.

. . . .

Quand l'affaire B... fut appelée devant le tribunal correctionnel de la Seine, au mois de décembre dernier, on apprit avec une véritable stupeur que la marâtre n'était condamnée qu'à six mois de prison et son époux à deux mois de la même peine. Toute la presse, sans exception, s'indigna de ce châtiment dérisoire, et l'écho de ses protestations se fit entendre au Parlement. Deux députés intervinrent. M. Leydet, des Bouches-du-Rhône, déposa une demande d'interpellation, et M. Engerand, du Calvados, un projet de loi tendant à déférer au jury les parents bourreaux. Au moment où nous publions notre ouvrage, la Chambre n'a pu encore donner suite à cette double intervention. Toutefois, les projets des honorables députés ont été examinés en dehors du Parlement, et voici comment les jugeaient deux journaux d'opinions diverses, mais qui suivent l'un et l'autre avec la plus grande attention l'évolution législative : le *Soleil* et le *Journal des Débats*.

MM. Leydet et Engerand, disait le *Soleil*, se sont vivement émus — et qui ne s'est ému comme eux? — de la condamnation dérisoire dont le tribunal correctionnel a frappé dernièrement les époux B..., ces atroces parents qui avaient martyrisé leur petite fille. Ils ont déposé un projet de loi tendant à qualifier ces faits monstrueux, non plus de délits, mais de crimes, et à les déférer au jury en aggravant la pénalité qui doit

les atteindre. La Chambre, hier, a déclaré l'ur-
gence. La question va être étudiée et résolue
avec tout l'intérêt qu'elle réclame.

Le sentiment qui a dicté cette initiative parle-
mentaire est certainement, au plus haut degré,
un sentiment d'humanité et de morale publique.
Nous n'avons pas attendu que la question fût
portée devant le Parlement pour flétrir, comme
ils le méritent, des actes odieux qui sont un
outrage aux lois et aux inspirations de la nature
Le procès B... a soulevé une protestation unanime.
Il y a eu malheureusement beaucoup d'autres
exemples de brutalité sauvage de la part de parents
dénaturés envers leurs enfants; mais, cette fois,
comme si le fait excédait la mesure, un cri général est parti de tous les organes de la presse et de
tous les rangs de la société pour blâmer énergi-
quement l'indulgence étrange qu'ont montrée en
cette occasion les juges chargés d'appliquer la loi.

Mais il n'y a pas seulement ici une question
de sentiment et de suprême pitié, il s'agit de
savoir s'il est possible d'éviter le retour de ces
faits scandaleux, et si les sévérités de la loi peuvent quelque chose de plus que les sévérités de
la conscience publique.

Nous avouons, à cet égard, tous nos doutes. Le système proposé par MM. Leydet et Engerand, en substituant la juridiction criminelle à la juridiction correctionnelle, aura-t-il plus d'efficacité? Qui peut le dire? Depuis un certain temps, le jury semble se plaire à étonner et à dérouter l'opinion par la faiblesse inconcevable de ses verdicts. Nous le voyons, chaque jour, absoudre des crimes que la passion peut bien expliquer, mais que la justice sociale n'a pas le droit de laisser impunis. Le trouvera-t-on plus rigoureux pour les crimes de la famille, et ne sera-t-il pas porté à excuser à son tour les excès de l'autorité paternelle?

On entend sans cesse exprimer la pensée qu'il faudrait déférer aux tribunaux correctionnels un grand nombre de faits que la loi défère au jury. Il est certain que le parquet, en vue de mieux assurer la répression, fait tout ce qu'il peut pour correctionnaliser certains crimes. M. Leydet semble croire, au contraire, que, pour le cas dont il s'émeut, la Cour d'assises vaudra mieux que le tribunal correctionnel. C'est une conviction que nous avons peine à partager.

En réalité, la justice correctionnelle est armée

de toutes les rigueurs nécessaires pour punir des
actes de cette nature. Si les juges des époux B...
avaient voulu appliquer le maximum de la peine,
comme le leur demandait le ministère public, le
châtiment eût certainement paru suffisant. Du
reste, le dernier mot n'est pas dit dans cette
triste affaire. On annonce que le procureur de la
République a fait appel à *minimâ*, et peut-être la
Cour réparera-t-elle l'indulgence excessive des
premiers juges.

Il y a, d'ailleurs, une question de conscience
personnelle qu'il est bien difficile de résoudre.
Comment faire pour imposer la sévérité à des
magistrats ou à des jurés? Ils se laissent guider
par une foule de raisons dont ils ont seuls le
secret et la responsabilité. Quand on édictera
des peines plus sévères, quand on qualifiera plus
gravement les délits sur lesquels ils sont appelés
à prononcer, on ne pourra pas les contraindre
davantage à la rigueur s'ils ne le veulent pas ou
s'ils ne sont pas convaincus. L'article 463 du
Code pénal, qui admet les circonstances atté-
nuantes, leur permettra toujours d'abaisser la
peine de deux degrés, ce qui souvent rendra la
répression insignifiante. Enfin, est-on sûr, en

élevant la pénalité, de donner plus de certitude
à la vindicte sociale? Trop d'exemples prouvent,
au contraire, que le jury recule bien souvent
devant la rigueur des peines et se laisse désar-
mer en craignant de frapper trop fort.

Voilà pourquoi, si indigné que nous soyons
contre les parents bourreaux, nous estimons que
c'est à la conscience du juge qu'il faut s'adresser
plus encore qu'à la rigueur de la loi.

De son côté, le *Journal des Débats* disait :

Une interpellation va, paraît-il, être adressée
à M. le garde des sceaux par M. Leydet, député
des Bouches-du-Rhône, au sujet d'un jugement
du tribunal correctionnel de la Seine, contre
lequel nous avons été des premiers à protester et
qui a soulevé dans toute la presse une réprobation générale. Il s'agit de cette condamnation
dérisoire infligée à des parents reconnus coupables d'avoir exercé les traitements les plus
odieux sur la personne de leur enfant. Cette
affaire B... n'est pas la première du même genre
où l'insigne et inexplicable faiblesse des juges se
manifeste. Il y a longtemps que nous ne cessons
de signaler ici ces défaillances de la justice et
cette quasi-impunité assurée à ces actes de bar-

barie domestique. Ce n'est nullement un fait
isolé ou exceptionnel que celui sur lequel M. Leydet va demander des explications à M. Fal-
lières. Il y a là une tradition, une coutume, une
sorte de jurisprudence. Il faut se féliciter que le
jugement récent du tribunal correctionnel de la
Seine, en comblant la mesure, ait enfin éveillé
l'attention du ministre de la justice et ému les
législateurs eux-mêmes.

En principe, on ne conçoit guère que le droit
d'interpellation s'exerce à l'occasion d'une décision judiciaire, d'un jugement plus ou moins bien
rendu, d'une condamnation trop faible ou trop
forte. Le principe de la séparation des pouvoirs
serait compromis par cette ingérence parlemen-
taire dans le domaine judiciaire. Le ministre de
la justice, interpellé, peut répondre qu'il n'a
qualité ni pour suggérer aux juges leurs sen-
tences, ni pour les reviser, et que, dans l'espèce,
tout ce qui dépendait de lui a été fait, le ministère public ayant interjeté appel *à minimâ* du
jugement qui a été l'objet de si vives et de si
justes critiques. Mais, nous le répétons, il ne
s'agit pas d'un cas isolé, mais d'une pratique
habituelle. Il est incontestable que les enfants

sont insuffisamment protégés contre les sévices
dont ils peuvent être l'objet dans la maison
paternelle. Il y a là une situation qui demande
à être examinée, étudiée, et il faut aviser aux
remèdes.

On s'est demandé quelle pouvait être la cause
de l'excès d'indulgence dont les juges font preuve
dans les affaires de cette nature. On a dit fort
ingénieusement que l'étude trop assidue du
Digeste et des Instltutes avait déterminé chez
eux un état psychologique dont leurs jugements
se ressentent, et que, imbus trop profondément
des idées romaines en matière de puissance
paternelle, ils étaient devenus incapables d'en
discerner les abus.

Cette explication ne pouvant s'appliquer aux
jurés, qui d'ordinaire ne sont pas moins tolé-
rants que la magistrature pour les méfaits de ce
genre, on a imaginé qu'il y avait là un fait d'atavisme et que l'esprit de la loi des Douze Tables
vivait encore, à l'état obscur et inconscient, dans
l'âme des bourgeois et des paysans français, si
peu romanistes qu'ils soient d'ailleurs. Cela n'est
pas impossible, mais nous croirions volontiers
que les conceptions des juges et des jurés n'ont

ni une si haute ni une si lointaine origine, et
que ceux-ci obéissent tout simplement à des
considérations de faits, à des impressions d'audience. Ils ont souvent devant eux des prévenus
d'intelligence bornée et de nature un peu bes-
tiale, honnêtes gens d'ailleurs, point dangereux
pour la société. Ils se laissent aller à prononcer
des peines d'une faiblesse excessive, peut-être
dans la pensée que la prison et la maison centrale ne corrigent personne, qu'elles achèvent
souvent de corrompre ceux qui y sont entrés à
moitié sains, que les parents barbares n'en sorti-
raient pas avec des mœurs plus douces et y per-
draient la probité qu'ils avaient. Le défaut de
confiance des juges dans l'efficacité morale des
peines est, croyons-nous, la principale cause de
l'indulgence des juges dans les cas de cette
nature et dans beaucoup d'autres cas analogues.

Mais d'où que provienne cette tendance, on
ne saurait ni l'encourager, ni la laisser s'invété-
rer. A défaut d'autre mérite, une répression
sévère, impitoyable, aura du moins celui de
donner à réfléchir aux parents qui seraient naturellement disposés à employer la torture comme
moyen d'éducation. Quels sont les moyens aux-

quels on peut avoir recours pour inspirer aux juges une notion plus exacte de leurs devoirs? On a parlé de mesures législatives. M. Leydet se propose, dit-on, de demander que les sévices paternels soient déférés au jury. Mais nous ne voyons pas ce qu'on y gagnerait. Les jurés, en toute matière et particulièrement en celle-ci, sont généralement encore plus enclins aux défaillances que les magistrats. Au lieu de condamnations insuffisantes, on aura souvent des acquittements. Sous prétexte de fortifier la répression, on multipliera les cas d'impunité. A notre avis, on n'arrivera à un résultat utile que par l'action vigilante du ministère public, surveillée et stimulée par le ministre de la justice, qui peut exiger qu'il lui soit rendu un compte spécial de toutes les affaires de cette espèce. Que les magistrats du parquet aient soin d'appeler l'attention des tribunaux, toutes les fois que l'occasion s'en présentera, sur la nécessité d'une répression rigoureuse, qu'ils formulent des réquisitions en ce sens, qu'ils usent de leur droit d'appel quand la condamnation ne sera pas en rapport avec la gravité du délit, c'est ainsi, et non par des réformes législatives, que l'on peut espé-

8

rer de réagir contre la tendance actuelle.

Si le législateur avait à intervenir, ce ne devrait
pas être, selon nous, pour apporter un changement au Code pénal ou aux règles de la compétence criminelle, mais pour modifier et complé-
ter la loi, de date récente, sur la protection des
enfants moralement abandonnés, en ce qui concerne la déchéance de la puissance paternelle.
Dans l'affaire dont M. Leydet se propose d'entretenir la Chambre, il semble qu'il y avait cent
raisons pour une de prononcer cette déchéance.
Mais le tribunal correctionnel ne l'a pas fait, et
la loi ne lui permettait pas de le faire. Cette loi
prévoit bien des cas de déchéance de plein droit;
elle indique aussi des cas de déchéance facultative pouvant être prononcée par le tribunal de
répression. Mais les époux B... ne se trouvaient
dans aucun de ces cas. Le délit dont ils ont été
reconnus coupables n'emporte la déchéance que
s'il y a récidive. Et maintenant, pour obtenir
que l'enfant martyrisée soit enlevée à la garde et
à l'autorité de ceux qui en ont fait l'usage que
l'on sait, il faudra qu'une nouvelle instance,
entraînant une série de formalités compliquées
et longues, soit introduite devant le tribunal

civil. Il nous semble que la loi, — dont les
auteurs ont subi peut-être, eux aussi, l'influence
du droit romain et les effets prolongés de l'atavisme, — a montré pour la puissance paternelle
un respect exagéré. Il y a peut-être là une retou-
che à faire à la loi. Ce pourrait être la sanction
législative de l'interpellation de M. Leydet, et
nous n'en voyons pas d'autre.

Nous avons tenu à mettre sous les yeux du
lecteur les judicieuses observations des auteurs
anonymes de ces deux articles dont nous parta-
geons pleinement les idées.

Nous nous joignons surtout à eux pour réclamer
l'application de la déchéance paternelle dans
tous les cas où les mauvais traitements auront
été dûment constatés.

La loi du 24 juillet 1889 déclare, dans son
article 1er, que « les père et mère et ascendants
sont déchus de plein droit... s'ils sont condamnés
deux fois comme auteurs, coauteurs ou complices d'un délit commis sur la personne d'un
ou plusieurs de leurs enfants ».

Il eût été naturel que, dans l'énumération des
cas de déchéance facultative, l'article 2 eût indi-
qué celui où les parents seraient condamnés *une*

fois comme auteurs... Les tribunaux correctionnels auraient pu alors, après une condamnation
prononcée contre des parents pour mauvais traitements, apprécier si ceux-ci méritaient d'être
déchus et prononcer un jugement assurant la vie
des enfants.

Il y a bien, dans le dernier paragraphe de l'article 2, une disposition qui permet de saisir le
tribunal civil d'une instance en déchéance, lorsqu'il est démontré que les mauvais traitements
mettent en danger la vie ou la santé de l'enfant;
mais on comprend facilement qu'il serait beaucoup plus avantageux pour l'enfant que ce fût le
tribunal répressif qui prononçât la déchéance,
au moment où il vient d'apprécier les faits,
d'entendre les témoins, l'enfant, les parents,
leur défenseur, et de se faire ainsi une idée à
peu près exacte de la valeur morale des parents.
A Paris surtout, où le tribunal civil n'est pas
composé des mêmes juges que le tribunal correctionnel, le renvoi de l'affaire au tribunal civil
nous paraît nuire aux intérêts de l'enfant; ce
renvoi ne devrait avoir lieu, à notre avis, que pour
la constitution de la tutelle, lorsque la déchéance
aurait été prononcée par le tribunal répressif.

LES PETITES PROSTITUÉES

« Pourquoi voulez-vous empêcher cette fille
de se prostituer? Si cela lui fait plaisir, que vous
importe? Il en faut, n'est-ce pas, des prostituées!... Que ce soit celle-là ou une autre qui se
livre, je vous avoue que ce m'est fort indifférent,
et je crois que vous perdez votre temps, votre
argent et vos peines à vouloir faire, de ces filles,
des ouvrières. »

Ainsi s'exprimait un docte magistrat, grand
ami d'Alexandre Dumas, en nous parlant d'une
fillette de quatorze ans que la préfecture avait
arrêtée pour outrage aux mœurs, et que nous
espérions arracher à la vie de débauche.

Fallait-il la détourner de cette voie? fallait-il
tenter un effort? Était-ce utile? était-ce possible?

Telles étaient les réflexions qui hantaient

8.

notre esprit en sortant du cabinet de ce juge, qui
était pourtant un ami sincère de l'enfance, et
qui, dans maintes circonstances, avait fait
preuve d'une grande générosité pour la protéger.

Sans doute, la prostitution est un mal nécessaire. Dans toutes les sociétés humaines, elle
existe, et il est bon de la surveiller, mais il est
impossible de l'enrayer avec des lois ou des
règlements; c'est ce qui fait dire à Delamarre,
dans son *Traité de police*, en parlant d'effets pro-
duits par les lois de répression contre la prostitution :

« Parce qu'on voulait que les filles publiques
ne fussent nulle part, elles furent partout. »

La première cause du mal dérive de notre
état social.

L'homme ne se marie pas dès qu'il est capable
de mariage. Or, dès sa puberté, il doit faire violence à sa nature, s'il veut résister à la loi qui
s'impose à tous les êtres animés.

Dans une étude de psychologie générale sur
l'*Amour* (1), M. Charles Richet, comparant l'in-

(1) *Revue des Deux Mondes*, 1er mars 1891, p. 163 et suivantes.

stinct amoureux chez tous les êtres vivants et le sentiment de l'amour chez l'homme, trouve l'humanité inférieure à l'animalité, lorsqu'il constate que, pour la femme, l'union sans amour est d'une fréquence extrême.

« Nulle part dans la série animale ne se trouverait ce spectacle répugnant de l'amour subi sans amour, presque avec dégoût. »

L'auteur donne comme cause prépondérante de la prostitution :

« ... l'âge très tardif auquel, par suite des exigences sociales, militaires ou autres, les hommes se marient. La moyenne de l'âge du mariage est, pour les hommes, de vingt-sept ans, comme l'indiquent les statistiques. Il est évident que c'est beaucoup trop tard. Je ne sais comment le législateur pourra y remédier; je n'oserais même pas dire qu'il ait mission de le faire, mais il est certain que l'âge de vingt-sept ans ne coïncide nullement avec la puberté. On ne peut exiger que de vingt à vingt-sept ans les jeunes gens mènent une vie chaste; cela est absolument contraire à leur organisation physique et psychique, tellement contraire, que les sentiments amoureux ne sont jamais aussi puissants qu'à

vingt-cinq ans. Et on veut qu'à cet âge, et pendant deux, trois, cinq, dix ans encore, l'homme
qui n'est même plus un jeune homme, conserve
sa chasteté? C'est demander l'impossible; c'est
vouloir violenter la nature, qui ne se laisse
jamais, quoi qu'on fasse, impunément violenter,
et qui reprend toujours ses droits, bien supérieurs
à toutes nos conventions administratives. »

« *L'hombre è di stoppa, la moglia di fuego, il
demonios y sopla* », dit le proverbe espagnol. —
L'homme est d'étoupe, la femme de feu, le diable
souffle sur eux.

Nous croyons cependant que, en ce qui concerne
les jeunes filles âgées de moins de seize ans, il
est juste de s'opposer à ce qu'elles se prostituent,
et surtout à ce qu'on les prostitue. Ce sont des
enfants qui ne savent pas ce qu'elles font, qui,
entraînées une première fois, n'ont pu se ressaisir, qui s'enlisent dans la fange, mais qui
souvent, dans les premiers mois de leur chute,
voudraient pouvoir se relever.

Ce n'est certes pas là une règle absolue ni
même absolument commune. Nous avons, certes,
éprouvé de pénibles échecs dans plusieurs de nos
tentatives, et il nous a bien fallu constater alors

que nous nous trouvions en présence de tempéraments spéciaux et en quelque sorte prédestinés, soit par l'atavisme, soit par d'autres causes moins définissables. Nous avons dû aussi convenir que de toutes les délinquantes, les prostituées fournissaient la plus forte moyenne de récidivistes, et qu'enfin, chez elles, plus que chez n'importe quelle catégorie de détenus, l'habitude du mensonge était invétérée. La prostituée ment sans motif, sans cause apparente ou cachée, pour le plaisir de mentir, comme en vertu d'un daltonisme moral. Cette inclination particulière que nous notons sans chercher à l'expliquer, mériterait même, selon nous, d'attirer particulièrement l'attention des juges instructeurs dans toutes les affaires de mœurs où l'inculpation repose sur un témoignage de mineure s'adonnant à la prostitution.

Pourtant, les exceptions sont assez nombreuses pour ne pas décourager entièrement.

Il suffit, pour s'en rendre compte, d'avoir fait quelques visites à la Conciergerie.

La première fois qu'une fille de moins de seize ans a été arrêtée pour mœurs, il n'est pas rare qu'elle exprime un repentir sincère, qu'elle pleure et qu'elle fasse un réel effort pour cesser sa vie de débauche.

Si elle n'est pas secourue, si elle retombe aux mains de parents indignes, si elle retourne dans le quartier où elle a commis sa première faute, alors, à moins qu'elle n'ait un caractère fortement trempé, elle retombera, et, quelque temps après, nous la reverrons à la Conciergerie, moins fraîche qu'auparavant, les traits tirés, les yeux creusés. Elle ne pleure plus; elle est dégoûtée de tout, même d'elle-même. Elle va se faire soigner à Saint-Lazare, si elle est malade, puis elle sort, n'essayant plus de résister à la force invisible qui l'entraîne.

A la troisième arrestation, le mal est tout à fait consommé. Il tarde à la jeune fille d'être inscrite sur les registres de la préfecture de police et de régulariser cette vie répugnante, mais lucrative, dans laquelle les chômages sont rares.

Tous les quinze jours, elle viendra au dispensaire, afin de ne point faire à Saint-Lazare d'inutiles séjours auxquels elle serait contrainte si, arrêtée dans une rafle, elle ne justifiait pas de sa soumission aux prescriptions administratives, et

ainsi jusqu'au jour de la vieillesse, au définitif
grabat de l'hôpital.

Nous prétendons qu'il nous est permis, qu'il
est même de notre devoir d'essayer d'arrêter des
enfants, n'ayant pas l'âge de raison et pas de
volonté autonome, sur cette pente fatale. C'est
bien assez de se désintéresser du cas des adultes
qui, sachant ce qu'est la prostitution et pouvant
en mesurer les conséquences, s'y adonnent de
leur plein gré.

Si nul n'intervient, en dehors et à côté de la
loi, demain ce n'est plus à la Conciergerie, mais
dans la salle commune du Dépôt, que nous
retrouverons notre mineure.

La salle commune!... C'est bien un des recoins
les plus sinistres de nos bâtiments pénitentiaires.
Dans l'immense pièce nue voûtée comme une
crypte de cathédrale, elles sont là en troupeau,
celles que les paniers à salade ont récoltées la
nuit dans les commissariats de police, celles qui
furent arrêtées dans les garnis suspects. Elles
ont rejoint leurs camarades incarcérées précé-
demment et condamnées, par mesure administrative, à un internement de quelques jours.
Quand le visiteur s'est habitué à la clarté grise

qui filtre par les hautes fenêtres, ou à la lueur douteuse qu'épandent la nuit les rares becs de gaz, il distingue un grouillement sale de formes indécises et perçoit une odeur fade et huileuse de relents malpropres. Cela participe du corps de garde et de l'entrepont de navire.

Depoitraillées, les cheveux dénoués, la face terreuse, les prostituées, qui se sentent chez elles, s'accroupissent par groupes ou s'étendent sur des bancs de bois autour des murs. Les anciennes se retrouvent et souhaitent la bienvenue aux nouvelles, des salutations ordurières se croisent d'un bout de la salle à l'autre, les dialogues s'engagent, en argot naturellement. A voix plus basse, on échange des confidences, on combine des projets de parties pour l'heure de la libération; au besoin, on se signale les « pantes » qu'il sera possible de « dégringoler » en s'associant à la sortie. Et de cette collectivité fangeuse se dégage une telle vision de laideur, qu'un même doute s'impose à tous les témoins de cet étrange spectacle. « Est-il possible que des femmes pareilles aient pu, hier encore, faire commerce de leur corps? Où trouvaient-elles donc des amants? »

Isolées, estompées par l'ambiance parisienne,

quelques-unes peut-être, parmi les plus jeunes et
les moins flétries, pouvaient conserver une apparence de charme, une illusion de grâce; mais là,
dans la salle commune du Dépôt, elles se fondent
dans cette gamme de hideurs dont le dégoût est
la tonique.

A midi, c'est l'appel pour la visite au bureau
des mœurs. La salle se vide ainsi qu'un abcès,
le brouhaha diminue, et les rangs s'éclaircissent
autour de la chaire où se détache, seule note
lumineuse du tableau, la silhouette de la reli-
gieuse, immobile sous ses voiles bleus, comme
une icone oubliée dans la chapelle. Tout à l'heure
rentrera la théorie purulente, et, pour calmer les
vociférations, pour obtenir un ordre que des
gardes-chiourme seraient impuissants à maintenir, il suffira que la Sœur de Marie-Joseph, une
jeune fille de vingt ans, frappe de son missel le
rebord de son pupitre. Les harpies lui obéiront,
non parce qu'elle est puissante, non parce que
flotte dans les plis de sa robe le prestige reli-
gieux, mais parce que, la voyant jeune et belle,
elles la savent vierge, et que leur vice est dompté
par cette vertu.

C'est pour éviter aux mineures de passer de la

9

Conciergerie au Dépôt que nous disons : celles qui ne se prêteraient pas d'elles-mêmes à recevoir le secours d'une œuvre de relèvement devraient y être contraintes. Lorsqu'elles auraient l'âge de raison, elles reconnaîtraient qu'on a bien fait de les protéger.

Cela nous rappelle la visite que nous recevions l'an dernier d'une fille publique, la fille H..., qui venait nous demander de placer son petit garçon, âgé de neuf ans.

— Que voulez-vous, nous dit-elle, je sais bien que je fais un sale métier; mais quand j'ai commencé, je n'avais pas seize ans, et j'en ai maintenant trente-cinq... Comment voulez-vous que je change? Cependant j'ai un petit garçon qui va avoir neuf ans, et il pourrait... comprendre, et je ne veux pas! Il faut que je le place. Pouvez-vous me le mettre en pension? Je veux qu'il devienne un honnête homme; je payerai ce qu'il faut...

L'enfant a été placé; la mère paye et tâche de faire des économies pour ne plus avoir besoin de « travailler » quand son fils lui sera rendu.

N'est-il pas évident que cette malheureuse regrette de traîner une chaîne dont on aurait pu l'affranchir, si, avant seize ans, on l'avait efficacement protégée?

Nous pouvons donc répondre à ceux qui nous démontrent l'utilité et même la nécessité de la prostitution, que nous ne voulons imposer à personne la tâche peut-être discutable, assurément très lourde, de ramener à la vertu des femmes déchues, conscientes de leurs actes, mais que nous cherchons simplement à empêcher d'aller à la prostitution des enfants impuissants au point de vue physique, incapables au point de vue moral de résister à de funestes suggestions et d'en mesurer les conséquences.

Quelles sont les principales causes de la prostitution des filles mineures?

Nous avons déjà dit que l'une des plus importantes résultait de notre état social; mais il y a beaucoup de motifs particuliers que nous pouvons énumérer en donnant quelques exemples à l'appui.

Comme pour les voleurs et les vagabonds, il y a des natures qui semblent prédisposées à la prostitution; il y a des tempéraments trop exaltés ou trop nerveux, subissant avec violence les entraînements de la chair, incapables de la

moindre résistance dès qu'on leur parle d'amour.
Ces filles passionnées avant même d'être nubiles
sont exposées à devenir des prostituées, à *quelque
milieu social qu'elles appartiennent;* tout dépendra
de l'énergie que leur famille déploiera pour les
soustraire à de mauvaises fréquentations et des
moyens de coercition qu'elle aura à sa disposition.

Ces malheureuses sont des déséquilibrées plus
ou moins hystériques. Il leur faut avant tout
un traitement médical approprié au mal dont
elles sont atteintes; il faudra ensuite leur éviter
l'occasion fatale, jusqu'au moment où elles seront
nubiles, et alors les marier le plus tôt possible.
La perversion instinctive se révèle parfois dès
l'âge le plus tendre, dès quatre ou cinq ans,
notamment chez les enfants d'aliénés, d'alcooliques ou d'hystériques ; si nous ne craignions de
blesser la pudeur de nos lecteurs, nous pourrions
citer les faits que M. le Dʳ Magnan a constatés
dans son service de Sainte-Anne[1].

Mais laissons aux médecins le soin de traiter ces
cas pathologiques, et recherchons comment une
fille normalement constituée est entraînée à la prostitution. Pénétrons à la Conciergerie et interro-

[1] V. *Actes du Congrès d'anthropologie crim. de* 1889, p. 60.

geons une enfant qui vient d'être arrêtée pour
mœurs.

Bien souvent nous apprendrons qu'elle est
venue de la campagne pour se placer à Paris,
qu'elle a rempli un emploi de servante pendant
deux ou trois mois ; puis qu'elle a été débauchée
par le patron, ou par son fils, ou par le garçon
boucher du coin. Elle a perdu sa place, elle
a erré dans la capitale, couru vainement les
bureaux de placement ; le soir, elle a trouvé dans
la débauche un gagne-pain facile. Parfois nous
comprenons que c'est après avoir commis une
première faute au pays que la fillette de quatorze ans s'est enfuie à Paris, où personne ne la
connaît et où elle a espéré se refaire une réputation d'honnête fille. Ses bonnes résolutions n'ont
pas tenu longtemps en face des séductions de
toutes sortes ; encore quelque peu naïve, elle a
cru à de fallacieuses promesses, et, de chute en
chute, elle est tombée dans la prostitution. Pour
se relever il faudra qu'elle rencontre une personne capable de comprendre ses malheurs,
d'avoir pitié d'elle au lieu de la repousser avec
mépris, et surtout de lui donner le moyen de
reprendre le bon chemin.

Entre plusieurs, nous pouvons citer l'exemple
suivant. Amélie N..., orpheline de père, fut
envoyée d'un petit village de Seine-et-Marne à
Paris, pour se placer comme domestique; elle
avait treize ans; elle fut adressée par un bureau
de placement à des gens qui voulaient payer le
moins cher possible leur domestique, et qui ne
se préoccupaient pas de l'avenir de cette enfant.
Elle subit le sort de tant d'autres, reçut des
visites dans sa mansarde du sixième, alla le
dimanche dans les bals de barrière et y fit bientôt la connaissance d'un joli garçon au bras
solide dont le métier est de protéger les filles et
d'en vivre. Il lui apprit vite à « travailler » : elle
gagna ses dix francs par soirée et dut les récolter
tous les soirs, sinon les coups pleuvaient. Plusieurs mois se passèrent pendant lesquels la
malheureuse subit les plus épouvantables tor-
tures. Comment s'y soustraire ?

Il y a entre les souteneurs une solidarité terrible :
la fille qui résiste à l'un d'eux, qui se plaint à la
police, est certaine de recevoir un coup de couteau
ou de passer une heure effroyable entre les mains
d'une bande de ces ignobles êtres. Un jour, pourtant, écœurée, terrifiée, Amélie courut à un com-

missariat de police et supplia le commissaire de la garder, de la poursuivre comme vagabonde, de la mettre en prison aussi longtemps qu'il voudrait, mais surtout de l'arracher des mains de celui qui la prostituait.

Amélie fut envoyée à la Conciergerie. Ayant écouté son histoire, nous nous disions qu'elle aurait peut-être besoin d'être mise en correction ; mais le magistrat qui siégeait au petit Parquet nous fit observer que la pauvre fille n'avait commis aucun délit ; elle n'était pas en état de vagabondage, puisqu'elle avait un domicile près des fortifications. La mère consultée ne voulait plus entendre parler de sa fille, une prostituée !!... à quatorze ans !!... Quant au service des mœurs de la préfecture, il n'avait pas à l'envoyer à Saint-Lazare, puisqu'elle n'était pas encore atteinte de maladie. La justice et l'administration n'avaient donc qu'à remettre Amélie en liberté, c'est-à-dire sur le pavé.

Nous avons alors proposé à la jeune fille de la placer, de la patronner, et, je l'avoue, c'était sans trop d'espoir. Par bonheur, nous avions devant nous un caractère, une fille ayant beaucoup d'amour-propre et tenant à nous montrer

qu'il suffisait qu'on lui tendit la main pour qu'elle
se relevât. Sa santé fort éprouvée se remit peu à
peu. Pendant un an elle travailla comme brunis-
seuse sur or, puis demanda à être blanchisseuse.
Aujourd'hui, voilà quatre ans qu'elle mène une
vie honnête; elle a dix-huit ans et vient d'épouser
le fils de sa patronne, un excellent ouvrier.

Toutes les filles venues de la campagne à
Paris, et tombées au trottoir, n'ont pas un caractère aussi énergique que celui d'Amélie; il faut,
pour les sauver, avoir souvent recours à des
établissements tels que ceux du Bon Pasteur,
refuges-ouvroirs, mais la plupart peuvent être
ramenées au bien parce que, le plus souvent,
l'éducation première a été bonne; l'occasion,
l'absence des parents ont seules amené la chute.

La mort des parents avant que la jeune fille
ait terminé son apprentissage, la misère qui en
est la conséquence, voilà encore une des causes
trop fréquentes de la prostitution. En parlant
des petits vagabonds, nous avons raconté plus
haut l'histoire de cette brave Sophie G... qui,
après la mort de sa mère, ayant vu son père condamné aux travaux forcés à perpétuité, vécut
misérablement pendant un an et, à bout de

forces, demanda protection aux tribunaux, qui voulurent bien ne pas la condamner pour vagabondage. La sœur de Sophie, qui avait seize ans au moment de la condamnation de son père, n'avait pas eu le même héroïsme; il est si facile à cet âge, à moins d'être difforme, de trouver des bonnes fortunes !

L'admiration qu'a excitée dans toute la presse la bravoure de Sophie, n'est-elle pas la preuve que l'on reconnaît comme presque fatale la chute de ces malheureuses filles obligées, à quinze ans, de gagner leur vie, lorsqu'elles n'ont aucune personne honnête pour s'intéresser à elles et les patronner ?

La misère, dit-on, est mauvaise conseillère; mais ce n'est pas toujours la privation cruelle de nourriture qui entraîne les pauvres filles, c'est bien souvent la privation de choses futiles. Le goût de la toilette, le désir de porter de riches vêtements, voilà une des causes fréquentes de chute des jeunes ouvrières. Leur salaire est trop modeste pour pouvoir, le dimanche, échanger le sarrau contre une robe de soie et le bonnet contre un chapeau. Pour être bien mises, que ne donneraient-elles pas? L'ambition de beaucoup

9.

de ces filles est de devenir demoiselles de magasin; mais pour être élégantes, pour faire honneur à la maison, l'argent que procure le travail
ne suffit pas, il est sage d'avoir « quelqu'un ».
Le premier pas fait, il est difficile de s'arrêter.

Lorsque des habitudes de luxe seront prises,
peut-on espérer que la jeune fille reviendra à
l'atelier ou au magasin quand l'heure de l'abandon aura sonné? Ne la retrouverons-nous pas
nécessairement sur les boulevards?

Nous venons d'indiquer deux ou trois causes
de la prostitution qui s'appliquent aussi bien
aux adultes qu'aux mineures de seize ans. Il y
en a une qui menace plus spécialement les
fillettes, c'est l'indignité des parents.

Que de fois en interrogeant, à la Conciergerie,
une enfant arrêtée pour mœurs, n'avons-nous
pas entendu le récit d'un épouvantable drame
de famille : le viol de l'enfant par son père, et,
ce qui paraîtra incroyable au lecteur, par un
père qui jouit d'une excellente réputation! Cet
homme travaille; un soir il est rentré ivre, sa
femme était sortie, il a abusé de sa fille : voilà
les faits dans leur simple brutalité. Revenu à la
raison, le père a horreur de son crime, et la fille

se tait pour que son père n'aille pas au bagne.

Nous nous rappelons la lecture poignante du dossier de la jeune Annette, aujourd'hui fille soumise. A douze ans, elle fut violée par son père; elle porta plainte au commissaire : le père fut arrêté, enfermé à Mazas. Un juge d'instruction entendit les voisins, ordonna une enquête médicale.

Tout semblait démontrer qu'Annette avait dit vrai; mais la mère, les frères et sœurs d'Annette la supplièrent de retirer sa plainte, de dire que rien n'était exact. Qu'allait devenir la famille, maintenant que le père était en prison? Le pain allait manquer à la maison; Annette serait-elle assez cruelle pour faire condamner son père? Annette pardonna; elle déclara au juge qu'elle avait menti. Le père sortit de prison, et l'enfant quitta le foyer paternel; voilà pourquoi, aujourd'hui, Annette est sur le trottoir.

Pouvons-nous l'accuser de faiblesse? Nous avons eu à protéger une jeune fille victime d'une situation analogue. Sa mère avait surpris les relations du père et de la fille. Dans son désespoir, elle avait poussé des cris, appelé l'attention des voisins, fait arrêter le coupable, chassé sa fille.

Le juge d'instruction nous demanda de veiller
sur la malheureuse.

L'affaire vint en Cour d'assises. La mère sanglotait, la fille aussi ; toutes deux supplièrent le
jury de pardonner à l'ouvrier laborieux, sans
antécédent judiciaire, qui était traduit devant
eux ; mais le fait n'était que trop bien établi, le
père indigne fut condamné aux travaux forcés
à perpétuité. La fille pleure dans un couvent un
malheur irréparable.

Ce qui est plus répugnant encore, c'est le cas
de ces enfants dressés par leurs parents à la
prostitution ; ces fillettes habituées à vendre des
bouquets à la porte des théâtres et à s'offrir
elles-mêmes, excitées à la débauche dès l'âge le
plus tendre.

Laissons sur ce sujet la parole à M. Berry, qui
a étudié ce mal et l'a exposé récemment devant
le conseil municipal en termes énergiques.

« A côté ou plutôt parallèlement à l'exploitation des enfants par les musiciens, nous avons
l'exploitation des enfants par des vendeuses de
fleurs. Je dis vendeuses, parce que je n'ai presque
jamais trouvé que des femmes dirigeant ce com-
merce-là.

« Un jour, sur le conseil d'un marchand de vin d'une cité de chiffonniers, je mis un costume *ad hoc,* et je me présentai dans cette cité comme l'intermédiaire d'un marchand de fleurs qui fait travailler les enfants sur les boulevards. Je m'installai à une table, et les parents chiffonniers, qui avaient été prévenus, ne tardèrent pas à m'y rejoindre, débattant leurs prix qui variaient entre trente et quarante pour cent sur le prix net de la vente et cent sous de plus après minuit. Qu'ils en disaient long, ces cent sous de plus après minuit!

« Une femme même voulut me montrer comme elle savait bien dresser ces enfants au métier de vendeuses de fleurs ; elle m'emmena chez elle, et dans une pièce carrée où il n'y avait pour tout meuble qu'une paillasse étendue par terre, j'aperçus, couchée sur cette paillasse, une mignonne enfant de neuf à dix ans, malade des coups que lui avait administrés le matin même sa charmante mère, à laquelle une marchande de fleurs avait raconté la paresse de sa fille à l'ouvrage.

« Je sortis indigné, non sans avoir donné des arrhes à tous les parents, qui attendent encore la

venue de l'intermédiaire le plus facile et le plus
coulant qu'ils aient jamais vu. »

Après avoir montré ce que deviennent fatalement les petites mendiantes et les marchandes de
fleurs, M. Berry s'occupe des autres catégories
de petites prostituées et de leur exploitation.

« C'est des prostituées de dix à seize ans
que nous allons parler, car, passé cet âge, les
filles sont considérées comme émancipées par
nos lois. C'est la catégorie des mineures qui
rapporte le plus aux entrepreneurs de métiers
inavouables pour enfants! Aussi les exploiteurs
ou exploiteuses inventent-ils mille moyens afin
d'avoir pour le public gourmet les sujets les
plus divers à offrir.

« Les inventions succèdent aux inventions,
afin d'attirer dans les filets des proxénètes le
gibier qu'aucun chasseur n'a encore décou-
vert.

« Certes, nous n'avons pas la prétention
d'avoir mis à jour toutes ces inventions, mais
nous allons cependant pouvoir donner un aperçu
des moyens les plus usuellement employés afin
de gagner beaucoup d'argent et d'attirer les
amateurs de dépravation hâtive.

« C'est surtout, comme nous l'avons dit, parmi les petites musiciennes et parmi les petites marchandes de fleurs que se recrute le personnel des maisons de passe.

« Car, outre les chercheurs de petites chanteuses et de petites vendeuses de bouquets, viennent dans les cités de chiffonnières et dans les domiciles de gens que la misère étreint, des pourvoyeurs de maisons de passe et de maisons clandestines.

« Comme, en somme, chaque famille qui a loué son enfant aux professeurs de musique et aux marchands de fleurs a toujours d'avance fait le sacrifice de sa vertu, il n'est pas besoin de dire avec quelle joie elle reçoit l'entremetteur qui trouve la petite, bonne pour le grand service; car, au lieu de trente ou quarante sous, c'est cinq francs, c'est dix francs même par jour, qui vont tomber dans la maison; c'est la vie heureuse succédant à la pauvreté.

« C'est dans les maisons de passe, souvent ignorées de la préfecture, que chaque jour, de deux heures à cinq heures, et plus rarement le soir de neuf heures à minuit, se donnent rendez-vous les hommes à la recherche de jouissances

équivoques, et quelques étrangers voulant connaître les attractions de Paris.

« A ceux qui ne sont pas des habitués et qu'on
peut soupçonner, on n'exhibe que les filles de
quatorze à seize ans ; mais aux autres, aux amis
de la maison, on confie l'éducation des petites
malheureuses qui n'ont pas encore atteint douze
et treize ans, et pour lesquelles on fait payer plus
cher, parce que, disent les procureuses, il a fallu
plus de peine et plus de dépenses pour les avoir.

« Le recrutement pour les maisons de passe
ne se fait pas seulement parmi les musiciennes
et les fleuristes de la rue.

« Il a lieu aussi, pour partie, parmi les appren-
ties d'atelier et les jeunes ouvrières. Quelquefois
même des ateliers de modistes, de couturières,
de blanchisseuses ne sont que des maisons de
prostitution.

« Quant aux autres ateliers, aux ateliers honnêtes, leurs employées sont en butte à une véritable chasse.

« C'est surtout au moment du déjeuner que
commence cette chasse et que les entremetteuses
essayent d'embaucher les « petites », comme
elles disent.

« Elles les suivent jusqu'au restaurant, leur offrent des friandises, souvent le déjeuner tout entier, et les décident à venir prendre le soir, chez elles, une tasse de thé et des gâteaux, et les renvoient avec une pièce de cinq francs que, généralement, les intéressées cachent à leur famille en disant qu'elles ont veillé au magasin, et en se promettant bien de veiller tous les soirs de cette façon jusqu'au jour où trouvant plus facile, plus commode et plus lucratif ce nouveau travail, elles abandonneront complétement l'atelier pour se livrer jour et nuit aux habitués de madame, qui leur donnent de bons repas et les habillent de riches toilettes.

« Un autre moyen de peupler les maisons clandestines consiste encore à y attirer les jeunes bonnes venues à Paris pour y trouver une place ; mais celles-ci, il faut le dire, ont rarement moins de quinze ou seize ans...

« Un exemple entre mille : il y a quelques jours, je visitais un asile où l'on reçoit des filles-mères ou des filles sur le point de le devenir, et je m'arrêtai devant un être grêle et qui semblait une enfant n'ayant pas encore l'âge de puberté ; elle était enceinte de sept mois.

« Je l'interrogeai, et voici son histoire, qui est celle de cent autres :

« Fille d'un ouvrier de Melun qui, devenu veuf, s'était remarié, sa belle-mère la fit souffrir jusqu'à ce qu'elle l'eût décidée à quitter la maison. Emma vint alors à Paris, où une de ses tantes vendait sur le carreau des Halles.

« Celle-ci, ayant déjà à son actif cinq enfants, ne put pas nourrir une bouche de plus, et elle envoya Emma dans un bureau de placement du quartier.

« Le soir même, la pauvre enfant entrait en service dans une maison où elle servit beaucoup de champagne et où elle assista à des scènes peu faites pour la rassurer.

« Elle avait d'ailleurs raison de ne pas l'être, car, pendant la nuit, un homme fut introduit dans son lit. Elle n'avait pas quinze ans.

« Le bureau de placement l'avait tout bonnement louée dans une maison de passe. Emma y resta cinq mois; puis, comme elle commençait à se déformer, elle fut jetée à la porte, et elle était venue échouer dans un asile où elle m'affirmait être bien heureuse.

« Je ne sais pas si le bureau de placement a été complice de cette infamie, mais il faut avouer que tout le laisse à supposer, car ce n'est pas là un fait isolé, et il y a des bureaux tenus en général par des femmes dont la clientèle se compose presque exclusivement de maisons clandestines et qui les peuplent de petites abandonnées de province, espérant trouver une place à Paris et se jetant dans les bras des premiers venus.

« Il est aussi de ces bonnes qui, désespérées de ne pas trouver de place et d'être mêlées aux vagabonds, acceptent avec reconnaissance l'hospitalité dans ces maisons, et sont livrées à la prostitution sans que les bureaux de placement y aient eu la moindre part.

« Les ateliers de peintre fournissent également leur contingent à cette armée d'enfants dépravées.

« Les entremetteurs ou entremetteuses opèrent là de la même façon que lorsqu'ils s'adressent aux ateliers de couture. Ils connaissent les maisons où les peintres ont besoin de jeunes modèles, et ils guettent l'entrée et la sortie de ces modèles qui, habituées à se montrer nues aux yeux des artistes, sont vite décidées à aller gagner cinq francs pour une heure de pose différente.

« Beaucoup de parents de ces fillettes sont d'ailleurs les premiers à les y encourager et, au besoin, à chercher eux-mêmes des débauchés.

« La plus grande partie de ces sujets sont de race italienne, mais il y a bien parmi eux de quinze à vingt pour cent de Françaises.

« Un danger aussi pour les petites poseuses sont les ateliers de peinture où l'on ne fait pas de peinture du tout et où l'écriteau sert à marquer un lieu de rendez-vous.

« Je sais qu'on a écrit, quelque part, que les parents des modèles prenaient des renseignements sur les chercheurs de modèles avant de leur confier leurs enfants.

« J'affirme que cela est faux, et que les mères prennent d'autant moins de renseignements sur ceux qui se présentent, qu'ils sont d'autant plus généreux.

« J'ai dit au commencement de ces lignes que les petites filles dont nous nous occupions n'exerçaient aucun métier avouable... eh bien ! je me suis trompé, car les brasseries servies par les femmes jouent un grand rôle dans la prostitution des jeunes filles et même de celle des enfants qui nous intéressent.

« Voilà comment je fis cette découverte : j'étais attablé avec un de mes amis dans une de ces brasseries, lorsque la femme qui nous servait et qui faisait la coquette avec nous, irritée de notre silence, nous dit tout bas à l'oreille :

« — Vous savez, si vous voulez des gamines,
« il y en a dans une chambre en haut, il y a
« même la mienne, la petite Julie, une grande
« fille de douze ans et qui n'est pas la plus laide
« ni la moins savante. »

« Dès lors, j'étais fixé, je dirigeai mes recherches de ce côté-là, et grâce à des rapports et renseignements de police qui m'ont été communiqués sur la fermeture de certaines brasseries dans les grandes villes, notamment à Paris, j'ai pu me convaincre que la brasserie de femmes était, au moins deux fois sur dix, une maison clandestine où on louait des mineures aux débauchés.

« Celles qui semblent avoir quinze ou seize ans sont occupées à servir dans l'intérieur de la brasserie et racolent en plein jour; celles qui sont au contraire réellement trop jeunes ou qui

paraissent telles sont parquées dans un salon
secret où l'on ne peut entrer qu'après avoir montré
patte blanche.

« Le recrutement de ces prostituées de brasserie est peut-être le plus facile; les parents
croient que leurs filles ont un métier honnête, et
les petites bonnes provinciales, ne se méfiant pas,
refusent rarement d'aller servir des bocks dans
un café. Elles vont là comme elles iraient chez
Duval. »

Le conseil général de la Seine s'est ému en
constatant le mal social si vivement dépeint par
M. Berry et a mis à l'étude la question de la
répression de la prostitution et de la protection
des filles mineures qui s'y laissent entraîner.

Le gouvernement même a déposé un projet de
loi pour frapper les proxénètes, les souteneurs,
et atteindre les logeuses qui favorisent la prostitution. Nous pouvons donc espérer que dans
quelques années d'utiles réformes surgiront à
cet égard.

Pour le moment, revenons à la Conciergerie
et à Saint-Lazare, et demandons-nous ce que l'on
a fait et ce que l'on pourrait faire pour ramener
dans le bon chemin les quelques filles mineures

de seize ans arrêtées par le service des mœurs.

Dans notre législation, la prostitution n'est pas considérée comme un délit. Si une fille est arrêtée pour faits de prostitution par le service des mœurs de la préfecture de police, elle n'est détenue au Dépôt que par mesure sanitaire. Elle est l'objet d'une visite au dispensaire; si elle n'est pas malade et si elle n'a contrevenu à aucun règlement de police, elle doit être remise en liberté; dans le cas contraire, elle est envoyée à l'infirmerie de Saint-Lazare pour y être soignée ou pour y subir une peine qui ne peut excéder deux mois, peine prononcée arbitrairement, sans intervention de justice, par un délégué du préfet de police.

Pour les filles mineures, la préfecture se montre bienveillante; elle ne les relâche pas immédiatement lorsqu'elle les a trouvées saines au moment de l'arrestation ou lorsqu'elles lui reviennent guéries de Saint-Lazare; elle veut éviter de les remettre sur le pavé, de les rendre aux souteneurs qui les attendent le long du quai de l'Horloge.

Si la jeune fille arrêtée pour mœurs a moins de seize ans, lors même qu'elle aurait été arrêtée

plusieurs fois, la préfecture s'interdit de l'enre-
gistrer au nombre des filles soumises; par tous
les moyens qui sont en son pouvoir elle cherche
à arracher cette enfant à la prostitution. Les
parents sont convoqués et interrogés; s'ils habi-
tent la province, ils sont consultés par les autorités locales.

La première préoccupation de la préfecture
est de remetttre la jeune fille aux mains de ses
père et mère. Malheureusement il arrive souvent
que ceux-ci, se souciant fort peu de leur fille, ne
se rendent même pas à l'appel de la préfecture;
après quelques jours d'attente, un inspecteur
ramène la fille au domicile paternel et la laisse
à la porte s'il ne trouve personne; aussi à peine
a-t-il tourné les talons que la fille repart pour
l'hôtel garni.

Souvent aussi les parents accourent à la préfecture, mais ils sent animés du seul désir de
reprendre au plus vite une fille qui est belle et
peut leur rapporter de brillantes aubaines. La
préfecture ne peut pas leur refuser leur enfant.

Enfin il existe de bons parents qui viennent
conter en pleurant l'histoire lamentable que
nous connaissons : leur fille a été débauchée par

un voisin, par une camarade d'atelier; on l'a
corrigée comme on a pu ; la fille s'est sauvée et
n'a plus reparu depuis six semaines. La préfecture apprend alors aux parents qu'ils ont le droit
de faire mettre leur fille en correction pour un
mois ; mais elle leur montre les inconvénients, les
dangers de cette mesure, et les encourage à
reprendre au moins cette fois leur enfant, tout en
leur faisant connaître les œuvres de bienfaisance
qui pourraient leur venir en aide pour la protéger.

Lorsque les parents sont introuvables, . lorsqu'ils sont décédés, ou lorsqu'une seconde arrestation se produit peu de temps après que la jeune
fille a été remise à ses parents, la préfecture sollicite le concours des personnes charitables qui
visitent les prisons.

Dès le treizième siècle, des œuvres religieuses
ont été fondées dans le but de secourir des filles
repenties. Actuellement à Paris c'est l'œuvre du
Bon-Pasteur, installée rue Denfert-Rochereau, qui
s'occupe spécialement des filles de cette catégorie.

Des dames visitent régulièrement l'infirmerie
de Saint-Lazare, encouragent les jeunes filles à
se convertir et les invitent à venir se réfugier à
l'asile du Bon-Pasteur.

Les jeunes filles qui consentent à être enfermées dans ce couvent sont libres plus tard d'en sortir, mais on les engage à y passer leur vie entière, loin du monde, sans recevoir la moindre visite de parents ou d'amis, et cette perspective n'est pas faite pour séduire beaucoup de Parisiennes.

De plus, on exige qu'à leur entrée au Bon-Pasteur elles aient les cheveux coupés ras. Cette prescription arrête un grand nombre de vocations. Se priver d'une longue chevelure, s'enlaidir, voilà un sacrifice difficile à obtenir d'une jeune fille que l'amour a perdue.

Nous avons souvent exprimé aux dames patronnesses du Bon-Pasteur notre étonnement de les voir conserver cette coutume qui remonte aux ordonnances royales du siècle dernier relatives au traitement infligé aux filles de mauvaise vie. Si les jeunes filles avaient le droit de conserver leurs cheveux en entrant au Bon-Pasteur, on en verrait un bien plus grand nombre solliciter leur admission. Mais ces dames nous répondent qu'une fille qui veut réellement se bien conduire fait bon marché de sa chevelure. En leur imposant une règle qui nous paraît barbare, elles se

rendent, disent-elles, compte du degré de sincérité de la postulante.

D'autres sociétés, notamment le Patronage de
l'enfance et de l'adolescence, cherchent à venir
en aide aux jeunes filles arrêtées pour mœurs.
En général, pour ces enfants le placement isolé
ne convient pas. Nous avons donné plus haut un
exemple du contraire, mais c'est une exception.
De juillet 1888 à juillet 1889, après avoir offert
à une vingtaine de ces fillettes de les placer dans
Paris et de les patronner, nous n'avions vu
qu'une seule d'entre elles suivre nos conseils.

D'ailleurs, la physionomie de ces malheureuses porte l'empreinte de la vie qu'elles ont
menée; elles n'ont, de plus, ni l'habitude ni le
goût du travail, et l'on comprend qu'aucun
patron ne consente à les recevoir.

Elles ont besoin d'être placées dans des établissements où l'on puisse leur rendre la santé et
les accoutumer à des occupations régulières. Mais
si vous obtenez d'elles, au moment où elles sont
sous les verrous, qu'elles consentent à entrer
dans un de ces établissements, vous pouvez être
sûr qu'une fois libérées de la prison, et après
quelques semaines passées dans un orphelinat,

elles oublieront leurs bonnes résolutions et
demanderont à sortir ou chercheront à se faire
renvoyer. Comme la direction de l'établissement
n'a pas le droit de les retenir malgré elles, de
les détenir, elle leur rouvre les portes, et nous
les retrouvons peu de temps après arrêtées de
nouveau par le service des mœurs.

Comment donc peut-on arriver à protéger efficacement une fille de moins de seize ans, qui
s'est livrée à la prostitution? Au mois de juillet 1889, nous avons essayé d'un procédé qui
nous a, jusqu'ici, satisfait plus que tout autre :
obtenir des filles qu'elles sollicitent elles-mêmes
leur envoi en correction. Ce n'est pas toujours
aisé. Notre première tentative a eu pour objet la
jeune Mathilde D...

Nous avions déjà vu cette fille venir quatre ou
cinq fois à la Conciergerie, dans l'espace d'un
an. Elle avait quinze ans ; à chaque arrestation,
nous constations que sa physionomie s'altérait
de plus en plus.

« — Savez-vous que vous étiez jolie, la première fois que vous êtes venue ici? C'est effrayant
comme vous êtes changée, je ne vous aurais pas
reconnue ! »

Une leçon de morale produit souvent moins
d'effet qu'un mot de ce genre lancé à propos à
une fille coquette.

Le lendemain, m'adressant à une autre fille et
lui montrant Mathilde :

« Voyez-vous dans quel état on se met quand
on se conduit mal ? Cette pauvre Mathilde!...
Dans deux ou trois mois, elle sera à l'hôpital, et
dans un an elle ne sera plus de ce monde! »

Le surlendemain, Mathilde s'avance brave-
ment :

« — Monsieur, je veux travailler; placez-moi
comme bonne ou comme apprentie, ça m'est égal.

« — Quel est le patron qui voudrait de vous,
avec la physionomie que vous avez?

« — Ça, c'est vrai.

« — Vous n'êtes pas présentable en ce moment. Il vous faudrait aller à la campagne, réta-
blir votre santé ; puis il serait nécessaire de vous
imposer un travail régulier. Dans deux ou trois
ans, on pourrait alors vous placer convenablement.

« — Je veux bien entrer dans un couvent.

« — Si je vous place dans un couvent, ne
serez-vous pas, dans quelques semaines, prise du

10.

désir d'en sortir, et n'irez-vous pas retomber sur le pavé?

« — C'est bien possible.

« — A votre place, j'entrerais dans un établissement, mais je me mettrais, dès à présent, dans l'impossibilité d'en sortir tant que je ne serais pas certaine de bien me conduire en liberté.

« — Comment cela?

« — Demandez votre envoi en correction jusqu'à vingt ans.

« — Mais je veux aller chez les Sœurs.

« — C'est facile. L'administration pénitentiaire dispose d'un assez grand nombre d'établissements dirigés par des religieuses; elle ne vous refusera certainement pas de vous envoyer dans une de ces maisons. »

Mathilde demanda à réfléchir pendant vingt-quatre heures. Puis, le lendemain, souriante, joyeuse de sa bravoure :

« — Je suis prête à aller en correction; que faut-il faire?

« — Depuis quelle époque avez-vous quitté vos parents?

« — Depuis un an.

« — Vous allez de garni en garni, vous n'avez

pas de domicile fixe, on peut dire que vous êtes
en état de vagabondage?

« — Si vous voulez,

« — Eh bien ! c'est entendu : partout où vous
serez interrogée, déclarez bien que vous vaga-
bondez depuis au moins deux mois, et demandez hautement votre envoi en correction jusqu'à
vingt ans. »

Ce qui fut dit fut fait; le service des mœurs
consentit à envoyer le dossier de Mathilde au
petit Parquet. Le substitut du petit Parquet tra-
duisit l'inculpée devant le tribunal correctionnel
pour vagabondage, et le tribunal accorda à Mathilde la mesure énergique qui était nécessaire à
son salut et qu'elle sollicita vaillamment (1).

Aujourd'hui, Mathilde est à Sainte-Anne d'Auray, sous la direction des religieuses de Marie-
Joseph. Elle bénéficiera, dans peu de jours, de
la libération provisoire et sera placée isolément.

L'exemple de Mathilde fut suivi par quelques
jeunes filles. Il y en eut bien pour lesquelles il
fallut recourir à d'autres raisonnements pour les
amener au même résultat. Nous nous rappellerons toujours cette scène singulière que nous fit

(1) Voy. *Gazette des Tribunaux* du 20 juillet 1889.

la grande Georgette, au mois de septembre suivant. C'était une forte fille, blonde, les tem-
pes garnies de nombreux accroche-cœur ; elle
s'avança le poing sur la hanche :

« — Vous savez, monsieur l'avocat, il ne faut
pas me la faire, à moi !... Vous voulez me faire
mettre en correction, mais ça ne prendra pas. »

Comme indigné, je me lève et, lui jetant le regard le plus méprisant, je dis à la surveillante :

« — En effet, pourquoi voulez-vous que je
m'occupe de *ça ?* »

J'avais frappé juste. Georgette était pétrie
d'amour-propre. Furieuse d'être considérée
comme une fille à jamais perdue, à laquelle on
ne doit pas s'intéresser ; jalouse de m'entendre,
le jour suivant, interroger ses compagnes, et de
me voir ne lui prêter aucune attention, elle
s'avança le surlendemain, sans avoir été appelée :

« — Après tout, monsieur l'avocat, si ça vous fait
plaisir, je peux bien rester sage jusqu'à vingt ans. »

Et voilà comment Georgette demanda aussi et
obtint son envoi en correction. Aujourd'hui, elle
est en liberté provisoire, après avoir fait un
séjour de dix-huit mois dans un couvent des
environs de Limoges ; elle est ouvrière à Paris et

se conduit bien. Quand elle faiblit, il suffit de faire appel à son amour-propre.

Pendant trois mois, la préfecture de police avait eu la complaisance de transmettre au petit Parquet les dossiers de nos héroïnes toutes les fois qu'elles manifestaient le désir d'aller à Limoges ou à Sainte-Anne d'Auray. A partir du 15 octobre 1889, elle se décida à adopter une mesure générale, à transmettre au Parquet tous les dossiers des filles âgées de moins de seize ans qui se livrent à la prostitution, laissant à la magistrature le soin d'apprécier si l'on peut les assimiler à des vagabondes et mettre leur éducation à la charge de l'État, par application de l'article 66 du Code pénal.

Par ce procédé qui n'a rien d'illégal, le tribunal de la Seine, l'Administration et les Sociétés de patronage sont parvenus à arracher à la prostitution quelques-unes de ses plus jeunes victimes. Mais nous sommes obligés de confesser que, pour quelques-unes, tous les efforts tentés resteront impuissants, et la conclusion de ce chapitre est la suivante :

Il ne sert à rien de détenir une fille, si elle est absolument décidée à vivre de prostitution.

LES PETITS VOLEURS

Les petits voleurs forment, parmi les enfants en danger moral, la catégorie la plus variée. C'est dans leurs rangs qu'on trouve toute la gamme de la culpabilité, depuis l'innocent ou l'irresponsable qui vole sans pensée de mal faire, jusqu'à l'enfant vicieux, sorte de klephtomane déséquilibré par l'atavisme ou l'éducation.

Au début, le vol n'est qu'une tendance naturelle à s'approprier tout ce qui vous entoure et excite votre envie : c'est une extension de la personnalité. Plus tard, la réflexion enseigne au convoiteux que les droits du *moi* sont limités par ceux du *moi d'autrui*. Les uns y voient un intérêt social, les autres une prescription divine; la conscience ou la foi interviennent : dans les deux cas, le gendarme sanctionne.

Mais avant d'en venir à cette vision très nette
du mien et du tien, à combien d'erreurs sont
exposées les volontés enfantines !

Un de nos plus hauts magistrats de la Cour de
Paris racontait dernièrement l'anecdote personnelle suivante, que nous avons recueillie de sa
propre bouche :

« Je me rappellerai toujours, disait-il, qu'à
l'âge de dix à onze ans, je me rendis coupable
d'un vol. En allant au lycée, je passais tous les
jours devant la boutique d'un grand épicier de
ma ville natale. A l'étalage extérieur, une quantité considérable de pruneaux se trouvaient à
portée de ma main. Comment, ayant chez moi
autant de pruneaux que j'en désirais, ai-je été
tenté par ceux de l'épicier? J'ai peine aujour-
d'hui à me l'expliquer; toujours est-il qu'un
jour je dérobai une poignée de pruneaux. J'ai
éprouvé alors, il faut bien que je l'avoue, un
très vif plaisir à manger ce fruit défendu. Cependant, peu après, le remords s'est fait sentir et a
augmenté jusqu'au moment où, ayant acheté des
pruneaux chez un épicier voisin, j'eus rejeté à
l'étalage de la victime du vol une quantité
double de celle que j'avais prise.

« Le souvenir de ce larcin s'est profondément gravé dans ma mémoire. Je me suis toujours demandé comment la gourmandise et la vue constante de fruits mis à ma portée avaient pu m'amener à voler. L'horreur de mon méfait eût été terrifiante si j'avais été surpris par l'épicier et conduit en prison, comme le sont beaucoup de petits garçons qui se sont laissé tenter par un bel étalage. »

En effet, tous les mois, on arrête à Paris, en moyenne, 46 enfants pour vol (42 garçons et 4 filles). Ce sont, pour la plupart, des voleurs à l'étalage. Ici, c'est une fillette de treize ans, déjà danseuse à l'Opéra, qui, après avoir fait des achats sérieux aux magasins du Louvre, dérobe un petit oiseau pour orner une coiffure; là, c'est un gamin qui, sortant de l'école et voyant beaucoup de monde admirer la devanture d'un fruitier, trouve moyen, dissimulé dans la foule, de glisser une belle pêche dans sa poche. Ils sont nombreux, ceux que les étalages attirent, je pourrais dire hypnotisent, et qui ne savent pas se défendre contre une suggestion mauvaise.

Tous ne sont point arrêtés au moment où ils viennent de commettre leur larcin, et c'est bien

11

souvent un grand malheur pour eux et pour la
société : le remords de la faute ne vient pas toujours, et, au contraire, l'impunité affaiblit la conscience. Celui qui a volé et n'a pas été pris se
laisse facilement tenter une deuxième fois, puis
une troisième, et alors ses appétits augmentent
comme ceux du joueur à la Bourse ou aux
courses.

Que de grandes personnes, que de femmes
surtout, n'avons-nous pas vues, dans une condition aisée, n'ayant aucun besoin de voler, qui
se laissent entraîner à soustraire quelque chose à
l'étalage d'un grand magasin ou d'un bazar ! Elles
ne prendraient pas deux sous dans la poche
de quelqu'un; mais une fois, elles ont dérobé
un petit objet de parfumerie, elles n'ont pas été
arrêtées, et les voilà entraînées à une série de
vols. Souvent elles ne profiteront pas des objets
soustraits, elles les classeront, les entasseront
dans leurs armoires; ce ne sont pas des irres-
ponsables, dans le sens absolu du mot, mais il
est certain qu'après la première faute commise,
leur être moral se trouble : au bout de peu de
temps, ce sont des malades.

Qu'une arrestation arrive enfin ! Ces personnes

sont accablées; leur conscience s'éclaire subitement; elles comprennent qu'elles méritent d'être
traitées comme des voleuses; quelques-unes se
suicident pour éviter la honte d'une comparution
en justice; les autres subissent humblement leur
peine. Il est rare qu'elles recommencent. Le
châtiment qu'elles ont subi s'est gravé profondément dans leur esprit; elles se rappellent avec
effroi toute leur vie qu'un jour elles ont été
appelées voleuses.

Il nous sera permis de nous plaindre ici qu'un
grand nombre de commerçants, pour exciter les
désirs de la foule, étalent leurs marchandises en
plein air, ou à l'intérieur du magasin, mais sans
filets ou vitrines, et laissent souvent leurs
étalages sans surveillance apparente, comme
par une sorte de provocation au vol. Il y a là,
pour les consciences un peu faibles, pour les
cerveaux trop jeunes, une tentation trop vive.
Les enfants succombent aisément, et s'ils ne sont
pas réprimandés dès la première faute, s'ils n'en
comprennent pas tout de suite la portée, ils courent le grand risque de devenir définitivement
des voleurs.

Si, au contraire, ils reçoivent immédiatement

une leçon sévère, il est très facile de les ramener
dans la bonne voie.

Pour nous, qui nous occupons de la protection des enfants en danger moral, nous considé-
rons que les petits voleurs à l'étalage sont beaucoup plus faciles à diriger vers le bien que les
petits vagabonds et les petits mendiants. Nous
surprendrions nos lecteurs si nous leur mon-
trions ce que sont devenus les enfants qui, jadis,
arrêtés pour vol à l'étalage, ont été protégés par
le Patronage de l'enfance et de l'adolescence.
Qu'il nous suffise de rappeler à ce sujet ce
qu'écrivait, au mois de février 1891, un avocat,
M. Marc Réville, qui avait défendu, en 1884,
un de ces petits voleurs à l'étalage :

« Au mois de décembre 1884, dit l'honorable
avocat, étant à l'audience, je fus désigné d'office
par le tribunal pour défendre, séance tenante, un
gamin; il n'avait pas quinze ans et il était assis
sur le banc des prévenus, entre une fille qui
avait dépouillé un ami d'occasion, et un mauvais drôle surpris lui-même de n'être pas encore
au bagne.

« Mon petit client était gentil, la mine éveillée, l'œil intelligent, le teint frais et rose; pro-

pre, malgré son évidente misère. Il avait volé
des oranges sur une de ces voitures qui station-
nent le long des rues, et c'était la seconde fois;
un récidiviste!

« Le fait était grave, assurément; mais n'y
avait-il pas là peut-être un cas d'atavisme peu
ordinaire? Notre mère Ève n'eut-elle pas un penchant fatal pour la pomme? Avec les siècles et
les générations, le goût s'était transformé, mais
l'instinct était resté le même.

« Je n'eus pas le temps d'en penser davantage, l'affaire était appelée.

« D'un ton paternel, assez rare à cette époque de la part des magistrats, le président interrogea l'enfant, qui reconnut les faits avec naïveté,
j'allais dire avec drôlerie : « Les oranges, c'est
si bon! » dit-il en manière de défense. Comme
élément de plaidoirie, l'argument était faible.

« Tout à coup une femme s'avance jusqu'à la
barre. C'était la mère du petit voleur; elle n'é-
tait pas dans la salle au moment où on l'avait appelée; elle revenait très effrayée. « C'est un
« petit vaurien, dit-elle, je n'en puis rien tirer;
« envoyez-le en correction, mes bons messieurs,
« car moi je renonce à en faire un honnête

« homme ! » — Le public commençait à mur-
murer derrière nous : il ne comprend pas, ce
bon public, qu'une mère abandonne l'honneur
et la joie d'élever son enfant, et il a raison.

« Le président insista auprès de la femme ;
l'enfant pleurait ; la mère persistait à rejeter la
charge de la maternité. Et moi, je pensais : Quels
mystères cache cette scène ?

« Curieux, je demande au tribunal de me laisser
quelques instants avec mon petit client d'office.
L'audience fut suspendue. L'enfant sanglotait
toujours. A la fin, comme je lui demandais pour
la cinquième ou sixième fois pourquoi sa mère
ne voulait plus de lui : « Elle n'est pas mé-
« chante, dit-il, c'est *son homme* qui ne peut
« pas me voir, parce qu'il dit *comme ça* que je
« coûte trop cher à nourrir. Voilà deux fois qu'il
« me met à la porte de chez nous la nuit ; je
« couche où je peux ; pour manger je mendie
« ou je porte des paquets, mais je n'ai volé que
« deux fois des oranges, et encore c'était pour
« partager avec un camarade. » — La mère
avoua son inconduite, mais elle nia la méchanceté de son amant. Elle voulait me tromper.

« A la reprise de l'audience, je suppliai le tri-

bunal de n'infliger à cet enfant, ni une peine
qui le flétr. .. .. jamais, ni cette terrible punition de l'envoi en correction. Le tribunal hési-
tait ; que faire ? La loi de 1889 n'existait pas
encore. Rendre cet enfant à sa mère, c'était le
remettre dans la rue ! L'envoyer dans une maison
de correction, c'était l'exposer au contact de plus
corrompus que lui !

« La moitié de la salle pleurait ; mon éloquence n'y avait été pour rien ; la situation était
assez émouvante par elle-même pour justifier
l'attendrissement général.

« J'attendais la décision de MM. les juges,
quand je sentis tirer la manche de ma robe. Je me
retournai : une femme d'une trentaine d'années,
très émue, me demandait si elle pouvait se
charger de cet enfant... Sans réfléchir, je trans-
mis la proposition au tribunal ; sans réfléchir
davantage, le tribunal fit droit à la demande,
dans la mesure du possible, en acquittant le
pauvre petit. — Celui-ci fut mis en liberté, et
comme sa mère ne voulait pas le reprendre, sa
généreuse protectrice put le recueillir. Chaque
jour elle tremblait qu'on ne vînt redemander le
gamin. Aucune loi, aucun contrat ne lui permet-

taient de refuser l'enfant à la mère parlant au nom de la loi.

« Magistrats et défenseur, nous avions tous été un peu légers dans la circonstance, car nous ne connaissions pas la femme qui assumait de façon aussi subite la charge d'élever un enfant. — Le hasard nous avait bien servi : c'était une digne femme. Trois fois mère, trois fois frappée dans son amour maternel, elle n'avait pu voir sans indignation cette mère qui refusait de garder auprès d'elle l'enfant que Dieu lui avait fait la grâce de lui laisser. Elle était commerçante, elle occupa son adopté ; celui-ci, très actif, très intelligent, compléta lui-même son instruction. A dix-sept ans, il entra dans un grand magasin ; à dix-neuf ans, sans avoir eu d'autres leçons que celles des cours du soir pour adultes, il était admis aux examens du volontariat; sur ses *économies* il payait la moitié des fameux 1,500 francs ! On lui a fait grâce du reste. Sorti du régiment il y a un an, il a retrouvé sa position ; actuellement il gagne 4,000 francs par an, il donne 30 francs par mois à sa mère légitime qui va les dépenser avec *son homme,* et il a recueilli chez lui sa mère adoptive, qu'une faillite, jointe aux conséquences

du plus récent krach financier, a complètement
ruinée.

« Je dédie ces lignes, qui n'ont d'autre mérite
que celui de la véracité, à ceux qui sourient
quand on leur dit qu'un bienfait n'est jamais
perdu et qui vous disent gravement, quand ils
voient faire mal un enfant livré à lui-même :
Mauvaise graine ne peut donner que mauvaise
herbe.

« Peut-être, en effet, que si la généreuse dame
X..., que je blesserais dans sa modestie en la
nommant, n'avait pas été là, son petit protégé
serait aujourd'hui au bagne. Mais à qui en serait
la faute ? A la graine, ou au cultivateur ? »

De même qu'il est fâcheux pour la jeunesse
que les commerçants étalent à la portée de la
main des marchandises qui peuvent tenter la
gourmandise du garçon, le goût de parure de
la fille, il est fâcheux aussi de mettre de trop
bonne heure de fortes sommes d'argent à la disposition des jeunes gens. Nous avons rencontré
des garçons de quatorze à seize ans, ayant reçu
une bonne instruction leur permettant d'espérer
tout de leur avenir, se laisser entraîner avec une

11.

déplorable facilité à des détournements. Le patron leur a donné des factures à toucher, ils se sont bien acquittés de leur tâche; le patron prend confiance, leur fait porter des sommes importantes; ils luttent pendant quelque temps contre le désir qu'ils ont de prélever quelques sous pour leurs plaisirs ; mais il ne manque pas de se trouver de mauvais camarades, parfois une fille, pour jouer le rôle de démon tentateur, et voilà notre garçon de confiance devenu voleur. D'autres fois c'est l'ambition, la cupidité d'acquérir vite qui entraîne l'adolescent. Nous avons vu notamment de jeunes garçons employés chez des coulissiers, encouragés par l'exemple de jeunes gens plus âgés, se lancer dans des spéculations à la Bourse, et venant à faire une perte sérieuse d'argent, ne pas reculer devant un faux.

Comme pour les voleurs à l'étalage, il n'est pas nécessaire, pour ramener au bien ces natures qui, primitivement honnêtes, ont dévié par suite du milieu dans lequel elles ont vécu, de les envoyer en correction jusqu'à vingt ans, ou tout au moins, si cette mesure est prononcée par les tribunaux, il importe de solliciter des libérations provisoires, car presque toujours l'humiliation de l'arrestation et de la comparution en justice est un avertissement qui porte ses fruits. Une sévère réprimande de la part des parents ou des personnes qui s'intéressent à l'enfant, et son placement dans des conditions où il sera moins exposé, suffisent pour en faire un honnête homme.

De ce que nous venons de dire il ne faudrait pas conclure qu'il soit toujours aisé de guérir un enfant du penchant au vol. Nous avons rencontré quelquefois, quoique rarement, des natures tellement portées au vol que nous les jugeons presque inguérissables.

Prenons pour exemple Julia S..., que nous suivons depuis trois ans et qui a actuellement dix-sept ans. Toute petite elle volait sa mère ; plus tard elle vola à l'étalage. Arrêtée deux fois, elle fut deux fois rendue à sa mère, qui est très honorable. A la deuxième arrestation, elle fut traduite devant le tribunal correctionnel, qui lui infligea six mois de correction.

La jeune fille était en liberté provisoire : elle nous demanda conseil.

Elle avait alors près de seize ans. Nous lui avons montré que si elle était arrêtée pour vol

quelques mois plus tard, ce ne serait plus l'envoi en correction, mais l'emprisonnement, avec
inscription au casier judiciaire, qui serait prononcé.

Or, six mois de correction ne suffiraient pas à
la guérir si elle avait un penchant aussi violent
pour le vol; six mois passés en contact avec des
filles dépravées ne lui vaudraient rien.

Il était préférable, pour elle, d'être envoyée en
correction jusqu'à vingt ans, et d'être, par suite,
admise dans une maison d'éducation correctionnelle, au nombre des pupilles de l'Administration pénitentiaire, plutôt que d'être, pendant
six mois, détenue dans un quartier correctionnel. Nous avons ajouté qu'au cas où, envoyée
en correction jusqu'à vingt ans, elle se montrerait
raisonnable, l'Administration la libérerait provisoirement, et si, plus tard, elle venait à commettre un nouveau vol, elle serait purement et
simplement réintégrée dans un établissement
pénitentiaire et mise ainsi, jusqu'à vingt ans,
dans l'impossibilité de satisfaire sa funeste tendance.

Julia comprit que son intérêt était d'interjeter
appel pour faire substituer à l'envoi en correc-

tion à court terme, qui ne présente que des inconvénients, l'envoi en correction jusqu'à vingt ans, qui est une mesure d'éducation forcée. Elle suivit notre conseil.

Par le fait de son appel, Julia restait en liberté provisoire. Nous la plaçâmes en qualité de demoiselle de magasin. Elle se conduisit bien pendant un mois. Lorsque son affaire fut appelée devant la Cour d'appel, elle sollicita vaillamment son envoi en correction jusqu'à vingt ans, l'obtint, et retourna à son emploi. Nous lui avions promis de faire les démarches nécessaires pour qu'elle ne fût pas incarcérée tant qu'elle se conduirait correctement.

Deux mois se passèrent sans incident, lorsqu'un jour nous fûmes prévenu que Julia avait volé dix francs dans le porte-monnaie d'une de ses camarades de magasin.

Il fallait agir avec fermeté. Nous avons dit à Julia que nous lui éviterions l'humiliation de faire intervenir la gendarmerie pour l'arrêter; mais nous lui avons ordonné de se trouver le lendemain au Palais de justice, afin de commencer à subir la détention qu'elle avait méritée. Le lendemain, à l'heure dite, la jeune fille était au

Palais et se prêtait à toutes les formalités qu'exigeait son incarcération. Elle comprenait qu'elle avait besoin d'aller dans un établissement où elle serait garantie contre ses mauvais instincts.

Depuis qu'elle est à Fouilleuse, Julia a une excellente conduite ; elle ne cesse d'avoir le ruban d'honneur. Nous essayerons de la reprendre en liberté provisoire avant qu'elle ait accompli sa vingtième année, afin de conserver encore sur elle la menace de l'« envoi en correction » ; mais sommes-nous bien sûr que, une fois dehors, elle ne recommencera pas? C'est certainement une fille intelligente, qui comprend qu'il est mal de voler, qui se soumet même de très bonne grâce aux corrections qu'elle mérite, mais qui ne sait pas résister à la tentation du vol.

Voilà un fait qui pourra être cité par M. Lombrozo et l'école italienne à l'appui de leur thèse, mais heureusement on peut la considérer comme une exception. Quelques petits voleurs de la même catégorie ont pu être classés comme des arriérés et être placés à Sainte-Anne et à Bicêtre; mais nous devons reconnaître que l'on rencontre quelques enfants, comme la jeune fille dont nous venons de parler, qui sont des êtres intelli-

gents, raisonnables, mais qui ont un penchant im-
modéré pour le vol, comme d'autres pour l'alcool.

A côté du voleur volontaire il y a, comme
pour les mendiants, des enfants dressés et exploités par des malfaiteurs ou par leurs parents eux-
mêmes.

L'hiver dernier, par exemple, nous avons vu
dissoudre, devant le tribunal correctionnel, une
bande d'une quinzaine de petits garçons qu'un
individu avait formée pour voler aux étalages de
Pygmalion et du bazar de l'Hôtel de ville.

Il y a trois ans, nous avons entendu condamner à treize mois de prison une femme qui forçait
sa fille à voler; celle-ci fut envoyée en correction
jusqu'à vingt ans. Six mois plus tard, le père
était condamné à la même peine de treize mois
de prison, tandis que la seconde fille, âgée de onze
ans, subissait un sort analogue à celui de l'aînée.
Tandis que le père faisait le guet, la fille mon-
tait dans les maisons d'ouvriers et dévalisait les
chambres inoccupées. Aujourd'hui ces fillettes,
qui paraissaient destinées à devenir des cambrio-
leuses habiles, sont en liberté provisoire; elles
sont devenues d'honnêtes ouvrières, grâce à la
protection d'une Société de patronage.

Le plus souvent c'est au vol à la tire que les
parents indignes dressent leurs enfants. Il y a
un an, par exemple, Emma L..., âgée de douze
ans, se rendait tous les jours au Bon Marché avec
sa mère, et une camarade de son âge, nommée
Louise. Celle-ci regardait l'étalage et causait
bruyamment avec la mère d'Emma, de manière à
attirer l'attention sur elle. Pendant ce temps,
Emma plongeait la main dans la poche d'une
dame occupée de ses achats et faisait passer le
porte-monnaie à sa mère. Le tribunal condamna
sévèrement la mère et acquitta la fille, espérant
que le Patronage pourrait placer celle-ci dans des
conditions normales. Malheureusement l'enfant
était déjà trop pervertie; ses mœurs étaient dé-
plorables, son contact était dangereux pour les
enfants honnêtes, si bien que M. le procureur
de la République jugea qu'il était nécessaire d'interjeter appel et fit remettre cette enfant à l'administration pénitentiaire.

Nous pourrions encore citer ces deux petites
filles de dix et de douze ans, que leur mère avait
emmenées aux funérailles des victimes de la
catastrophe de Saint-Mandé, afin de voler à la
tire au milieu de la foule, etc., etc...

Pour sauver les enfants de cette dernière catégorie, il est nécessaire d'appliquer sévèrement la loi pénale aux parents, et bien souvent de prononcer contre eux la déchéance de la puissance paternelle en vertu de la loi du 24 juillet 1889. Si les enfants n'ont pas encore été trop contaminés, il est possible de les sauver, comme les voleurs à l'étalage, en les plaçant normalement, en pension s'ils ont moins de treize ans, en apprentissage s'ils sont plus âgés, et en les surveillant avec soin. Quant à ceux qui sont déjà endurcis dans le mal, quant aux filles qui sont devenues des prostituées, quant aux garçons qui déjà crochettent des serrures, il faut un procédé plus énergique. L'envoi en correction s'impose; mais il ne faut pas de demi-mesures, il faut l'envoi en correction jusqu'à vingt ans, qui sera tempéré plus tard par la libération provisoire dès que l'amendement de l'enfant paraîtra possible, et par le placement isolé.

LES PETITS ASSASSINS

Nous voici arrivés, par gradation, au sommet de la criminalité chez les mineurs. Ceux qu'il nous reste à étudier sont ces petits bandits à face sinistre qui donnent le frisson à l'humanité : les conscrits de la guillotine. Nous pensons pouvoir démontrer que même ceux-là ne sont point des monstres au sens scientifique du mot ; qu'ils sont, au contraire, le dernier anneau de cette chaîne à la naissance de laquelle nous avons trouvé les petits vagabonds. Pour eux encore nous constaterons les effets d'un déterminisme moral dû à la famille, aux mauvaises fréquentations, à la paresse, au manque d'énergie et de réaction contre les vices naturels, en tête desquels il faut placer la vanité.

M. Joly, qui a étudié avec tant de soin, dans ses ouvrages et dans ses articles du *Bulletin d'anthropologie criminelle*, les jeunes assassins, s'accorde avec nous pour reconnaître que, s'il n'y a pas toujours entre eux similitude d'origine, d'éducation ou de coutumes, ils possèdent tous un caractère commun : l'orgueil et la paresse.

Or, l'orgueil et la paresse ne sont pas des vices essentiellement héréditaires ou congénitaux. Si donc nous n'en trouvons pas d'autres qui leur soient communs, nous pourrons conclure qu'il n'y a pas de petits assassins-nés. La lecture des archives criminelles des grands procès nous montre toujours, dans l'accomplissement du meurtre, la part du hasard et des circonstances.

Le seul type bien caractéristique qui semble se soustraire à cette remarque générale, type qui a fourni les plus longues dissertations aux criminalistes de toutes les écoles, c'est celui de Félix Lemaitre, dont le crime paraît à première vue si dénué de mobile, qu'on a pu se demander pendant longtemps si son auteur n'était pas simplement un fou.

Voici comment M. Macé rappelle les faits :

Lemaitre, nouveau Papavoine imberbe, a été successivement teneur de livres, garçon charcutier, emballeur. Le 15 février 1881, il détourna

la somme de deux cents francs à son patron, et,
malgré son âge, quatorze ans et demi, il s'installa
dans un de ces garnis du boulevard de la Villette,
servant de repaires aux souteneurs, aux filles et
aux débauchés.

Dix jours suffirent à Lemaitre pour épuiser
en plaisirs le produit de son vol. A bout de ressources, le 25 février, il acheta, vers trois heures
de l'après-midi, un couteau-poignard, qu'il eut
la précaution d'ouvrir et de placer sur la commode. Entre quatre et cinq heures il accostait,
boulevard de la Villette, trois enfants, âgés de
cinq à six ans. Les deux premiers ne voulurent
pas se laisser entraîner, parce que « leur mère
les attendait ». Le petit Schœnen, seul, le suivit
dans sa chambre pour obtenir la chaîne d'acier
et les gâteaux que Lemaitre lui avait promis. Le
misérable, ayant fermé la porte à double tour,
retire sa jaquette, s'empare de l'enfant, lui atta-
che les mains derrière le dos avec un mouchoir,
le bâillonne avec un foulard, puis il le dépose
sur le lit, rabat son pantalon, relève sa chemise,
et, lui couvrant les yeux d'une main, de l'autre il
lui plonge par deux fois l'arme préparée d'avance
au milieu de l'abdomen. Schœnen, ne pouvant

crier, se débattit. Lemaitre lui coupa aussitôt la gorge avec une telle violence que le cou fut presque détaché. Sa lugubre besogne terminée, il essuya ses mains ensanglantées, remit son vêtement, démêla ses cheveux, et sortit de la chambre en emportant la clef.

A neuf heures il se constituait prisonnier entre les mains de M. Roudil, officier de paix, auquel il dit, sans la moindre émotion :

« Je me nomme Félix Lemaitre, je viens d'assassiner un petit garçon que je ne connaissais pas. Arrêtez-moi. »

M. Roudil regarda avec stupéfaction son interlocuteur, et Lemaitre réitéra sa déclaration, en ajoutant :

« Voici la clef de ma chambre, vous y trouverez ma victime. »

Le lendemain, M. Barbette, juge d'instruction, mit Lemaitre en présence du cadavre. L'insensibilité du jeune monstre étonna ce magistrat préparé à toutes les surprises. Il lui en fit l'observation, et Lemaitre répondit :

« Je ne pleure jamais, ma nature s'y refuse; il est impossible de voir sur ma figure ce que je pense et ce que je ressens.

— Pourquoi avez-vous, reprit M. Barbette, descendu le pantalon de votre victime et relevé sa chemise ?

— De cette façon, mon couteau avait moins d'obstacles à traverser. »

Ce féroce assassin du petit être sans défense jouissait-il de sa raison ?

Le juge le soumit à des expertises spéciales qui établirent son incontestable lucidité. M. le docteur Mottet l'observa quotidiennement à la prison des jeunes détenus, et il ne surprit, à son sujet, aucun symptôme d'aliénation mentale.

M. Legrand du Saulle a déclaré, après un examen sérieux, approfondi, qu'en son âme et conscience il croyait Félix Lemaitre responsable de ses actes.

A l'audience de la Cour d'assises du 15 juillet 1881, M. l'avocat général Bouchez a fort bien analysé la nature intelligente et perverse de Lemaitre. L'accusé, dit-il, commence par commettre de petits vols chez ses parents; il abuse ensuite de la confiance de son patron et s'empare d'une somme de deux cents francs qu'il dissipe en quelques jours. Comme il ne sait pas se tirer de l'impasse où il est, au lieu de chercher à

s'amender, il passe, par une inspiration mons-
trueuse, du vol à l'assassinat.

Lemaitre préfère devenir un grand criminel
plutôt que de rester un vulgaire voleur. Vani-
teux, poseur, il n'a jamais dit la vérité. La version
sur son crime varie chaque fois qu'il se trouve
pris en flagrant délit de mensonge. Il avait lu,
affirme-t-il, dans un roman, la description de la
scène sanglante qu'il a exécutée, mais il n'a pu
désigner le titre de ce roman. Se trouvant sans
ressource, il écrit plus tard : « *J'ai vu rouge ;*
l'idée de tuer un enfant m'est venue subitement,
et le hasard m'a mis en présence du petit que
j'ai assassiné. »

L'enquête fit justice des fausses assertions de
Lemaitre, dont la seule préoccupation, à la petite
Roquette, consistait à se renseigner auprès des
gardiens sur la vente des journaux illustrés repro-
duisant son portrait : « J'ai suivi, disait-il, les
drames judiciaires, et Ménesclou m'a empoigné.
Je suis moins coupable que lui, n'ayant ni violé,
ni dépecé ma victime. Mon portrait doit être
supérieur au sien, car il n'avait pas sa cravate,
tandis que j'ai obtenu la faveur de conserver la
mienne. »

Sur sa demande, on lui remit sa photographie qu'il rejeta, en disant : « Ma cravate est de travers, l'ensemble ne vaut rien. »

Une somnambule de foire lui ayant prédit qu'*il serait quelqu'un*, tourmenté du besoin de faire parler de lui, il veut être ce quelqu'un, et, par vanité criminelle, il égorge un enfant, idée sauvage qui lui donna, en effet, une précoce renommée dans le crime. Le jury rendit un verdict de culpabilité, en vertu duquel Lemaitre fut condamné à vingt ans de prison. A trente-cinq ans il reprendra sa place dans la société !...

Nous avons dit que la figure de ce jeune assassin est une des plus déconcertantes qu'il soit possible d'analyser dans l'étiologie crimi-nelle, parce qu'il va droit à l'assassinat sans passer par toutes les phases successives qu'on a coutume d'observer. Pourtant, en y regardant de près on s'aperçoit qu'il existe néanmoins une suite dans ce développement anormal, et que la théorie de l' « enchaînement » n'est pas infirmée.

Lemaitre était déjà un récidiviste, il avait vagabondé dans sa jeunesse, il avait volé suc-cessivement ses parents, puis son patron.

12

Si, au moment du dernier vol de deux cents francs, il s'était vu arrêter, ainsi que la société aurait dû le faire, s'il lui avait été impossible de trouver un asile — à l'âge de quatorze ans et demi... — chez un logeur qui, violant toutes les prescriptions de police, accepta chez lui ce mineur sans papiers et reçut son argent sans s'inquiéter de la provenance, il serait venu comparaître sur les bancs de la correctionnelle. Là, après une enquête qui aurait été forcément défavorable, si les éléments en avaient été réunis avec soin, les juges auraient dû le condamner à la correction jusqu'à vingt ans.

Pendant toute son adolescence Lemaitre eût donc été dans l'impossibilité de donner cours à ses instincts sanguinaires, et les parents du petit Schœnen n'eussent pas eu à pleurer leur fils.

A sa sortie de la maison de correction, Lemaitre, en supposant que son tempérament d'assassin n'ait pas été modifié, aurait regardé à deux fois avant de s'y abandonner. A ce moment, majeur, ce n'est plus sa liberté, mais sa tête qu'il aurait risquée, et cela lui eût donné à réfléchir.

Un détail de son interrogatoire le montre.

« Saviez-vous, lui dit le président, en commettant votre crime, que la loi ne pouvait pas vous condamner à mort en raison de votre jeune âge ?

— Je le savais », répondit-il.

Enfin si à vingt ans la bête féroce avait repris le dessus, la société aurait eu la ressource de se débarrasser de Lemaitre en l'envoyant place de la Roquette, au lieu d'être réduite à un emprisonnement temporaire.

Je n'insisterai pas sur les deux éléments *paresse* et *vanité* que nous avons dit être communs à tous les jeunes assassins. La vanité éclate dans toutes les paroles de Lemaitre ; quant à la paresse, il s'y vautre dès qu'il s'est approprié l'argent de son patron.

« Je passais, dit-il à l'instruction, mes journées à lire, étendu sur mon lit ; le soir, j'allais au théâtre. »

En résumé, Lemaitre n'échappe pas à la classification générale des jeunes assassins, et l'on voit que la société aurait, par une mesure prise à temps, pu rompre la chaîne de sa destinée.

C'est encore la vanité qui fait le fond du

caractère de Joseph Lepage, que M. Joly a
étudié avec un soin tout particulier et dont les
travaux vont nous permettre de contrôler nos
précédentes assertions.

Joseph Lepage, qui a été arrêté en janvier
1889 et jugé le 15 juillet suivant, était né le
8 juin 1872. Son dernier crime, commis à seize
ans et demi, était celui-ci :

Il avait été recueilli, hébergé, soigné, pendant
le séjour de son père à l'hôpital, par un ouvrier
nommé Pierre.

Cet ouvrier vivait maritalement avec une
femme dont il avait deux enfants et qui, l'irrégularité de sa situation mise à part, était une
bonne et honnête personne.

Joseph Lepage tenta d'assassiner la femme.
Il le fit avec préméditation, sans provocation
aucune et sans l'ombre d'un grief. D'après ses
propres aveux, il avait eu l'intention de violer sa
victime. Il n'était pas satisfait de voir qu'elle le
traitait « comme un gosse ». Il avait pris part à
des soins qu'on lui avait donnés pour un abcès
au-dessous du sein, et des désirs très ardents,
dit-il, s'étaient alors allumés en lui. « Chaque
fois que je lui frôlais la peau, pendant qu'on lui

mettait des cataplasmes, je frémissais du désir
de la posséder. »

« Oui, dit-il au docteur Garnier, il y a longtemps que ça me tenait, et comme je voyais
bien qu'elle ne consentirait pas, j'ai eu l'idée de
l'égorger, puis de me satisfaire une bonne fois.
Pendant que le corps est encore chaud, ça doit
être tout aussi bon. »

Cependant, lorsqu'il avait vu le sang couler,
il s'était contenté de prendre un porte-monnaie,
lequel contenait sept à huit francs. Ce vol n'était
d'ailleurs pas le premier qu'il exécutât, car à
quinze ans il avait été arrêté pour vol à l'étalage.

Joseph Lepage a été condamné aux travaux
forcés à perpétuité.

Voici bien, comme pour Lemaitre, les mêmes
circonstances : antécédents judiciaires qui eussent
permis l'envoi en correction, vanité excessive,
désir de faire l'homme avant l'âge, et enfin
de s'illustrer lui aussi par un attentat hors de
pair.

Joseph Lepage, écrit le Dʳ Garnier dans son
rapport, avait le caractère sournois, irascible,
méchant; mais il avait l'esprit ouvert... sans

être studieux, il fit preuve de vivacité intellectuelle. Il eut toujours un goût très marqué pour la lecture. Les récits d'actes sanguinaires, les forfaits des grands criminels avaient surtout le don de le passionner. Il s'identifiait avec les héros de roman et plus volontiers encore avec les meurtriers célèbres.

L'autobiographie que Lepage a composée dans sa prison, sur la demande du médecin expert, est assurément emphatique; elle est toute remplie de cette préoccupation : imiter les criminels célèbres et devenir à son tour célèbre comme eux; mais elle est d'un style assez ferme et qui dit ce qu'il veut dire; les nuances même ne manquent pas.

« J'ai voulu, écrit-il, avoir la femme et l argent. Peut-être l'attentat que j'ai commis ne serait-il pas arrivé sans la malheureuse passion et l'envie de posséder la maîtresse de M. Pierre qui était comme sa vraie femme! Oui, c'est de sa faute si je lui ai filé le coup de scion. — Me sentant allumé comme je l'étais à la vue de son bel estomac, je m'étais dit : Je l'aurai morte ou vivante. Quant à la petite (il s'agit de la fille au berceau de M. Pierre), si elle eût bougé pendant ce temps, je l'éventrais d'un seul coup. »

Dans cette orgie d'images érotiques et féroces, remarquez bien ces mots : « qui était comme sa vraie femme. »

Ce garnement de seize ans n'était pas embarrassé pour trouver des filles sur la voie publique, mais il était surtout tenté par la maîtresse de son hôte : il éprouvait là comme l'attrait d'un fruit plus défendu, comme un ragoût d'adultère. Il a senti la différence, et il l'a exprimée clairement.

Quels sont maintenant les origines héréditaires et les antécédents de Lepage? A-t-il été poussé au mal par des circonstances plus fortes que toute volonté humaine?

« J'ouvre le dossier, dit M. Joly, et je lis les premiers rapports du commissaire de police. J'y vois que le père de Joseph était « un peu buveur, « mais pas méchant », et que la mère, « pauvre « femme vraiment martyre, est morte autant « de chagrin que de privations. »

Après le commissaire de police vient le médecin aliéniste du Dépôt, M. le Dr Garnier, dont le rapport nous a déjà fourni une citation, qui étudie l'affaire et le personnage avec des soins exceptionnels. Les circonstances de la cause fai-

saient craindre que des excès si monstrueux chez
un garçon si jeune ne fussent l'effet d'un trouble
cérébral ou de prédispositions héréditaires. Le
Dr Garnier fit donc des recherches minutieuses.
Il vit souvent l'inculpé, l'examina, le questionna
et lui fit, comme nous l'avons vu, rédiger à lui-
même sa biographie.

Voici le résultat de ses recherches :

« Le père était un homme vif, emporté,
intempérant, ce qui n'est pas rare chez les
ouvriers ; mais on ne donne que de bons renseignements sur sa probité. C'est de plus un homme
intelligent. »

Cette impression favorable, le juge d'instruction dut la partager lorsqu'il vit le père, con-
fronté avec son fils, lui reprocher en pleurant sa
conduite.

Le Dr Garnier continue en constatant que la
mère avait eu un caractère tranquille et doux, et
que, sur les six enfants issus de son mariage,
l'aîné était un excellent sujet. Le second, il est
vrai, avait été condamné pour incendie volontaire dans l'atelier de son patron, mais on avait
reconnu que ce patron avait eu le tort de le bru-
taliser. Somme toute, en poursuivant l'enquête

parmi les ascendants et les collatéraux, on ne trouve aucun cas de folie dans la famille de Lepage.

La folie, du moins, a-t-elle couvé, a-t-elle été préparée chez l'accusé par des antécédents physiologiques ?

« Dans le premier âge il n'eut que des affections infantiles banales et sans gravité. Sans être vigoureusement constitué, il se développe avec rapidité et normalement. Il n'a aucun vice de conformation, aucune anomalie qui mérite d'être signalée. »

Aussi le Dr Garnier a-t-il pu conclure en ces termes :

« Pour aucun de ceux qui l'ont connu, Joseph Lepage ne s'est jamais comporté en aliéné; on voyait en lui un mauvais sujet peu disposé à s'astreindre à un travail quelconque. Et pourtant, nous dit son père, il était intelligent, s'acquittait fort bien de sa besogne quand cela lui convenait, mais il préférait aller s'amuser, boire et fumer avec d'autres vauriens.

« Dès l'instant qu'il est établi que l'acte incriminé n'est le produit ni d'un délire, ni d'un vertige obnubilant la raison, ni d'une impulsion,

ni d'une obsession maladive, sur quels motifs
d'ordre scientifique pourrait-on se baser pour
prétendre que Joseph Lepage échappe à la responsabilité de sa conduite, alors surtout que
celle-ci s'est inspirée, avec une préméditation
plus ou moins longue, de mobiles qui n'appartiennent guère aux manifestations de la folie?

« Quant à l'absence de remords, ce n'est pas
seulement chez le malheureux insensé qu'on la
rencontre. Il est en quelque sorte superflu de
remarquer que la criminalité nous en offre de fré-
quents exemples ; de même qu'elle s'allie souvent
à cette forfanterie cynique portée si loin chez
Joseph Lepage, et qu'elle se double aussi de
cet étrange orgueil, de ce besoin de mise en
scène qui lui fit désirer les retentissants débats
de la Cour d'assises. »

Ces conclusions si logiquement déduites n'em-
pêchent pas le Dr Lombroso, dans le récent opus-
cule d'anthropologie criminelle qu'il vient de
publier, de s'écrier après la lecture du même
rapport :

« Si Joseph Lepage n'est pas un type physique
et moral du criminel-né, certainement ce type
n'existe pas. »

Eh bien, non, ce type n'existe pas, puisque nous retrouvons toujours les mêmes circonstances occasionnelles dans la genèse du tempérament criminel, et que si ces circonstances
d'éducation et de milieu avaient manqué, la
destinée du petit assassin eût pu être tout
autre.

On nous dit de Joseph Lepage :

« Dès qu'il a amassé un peu d'argent, il s'amuse,
rôde, fréquente de petits vauriens. Il boit de l'ab-
sinthe. » La liberté prématurée, l'irrégularité
dans le travail, la vie erratique sur le pavé de
Paris, les mauvaises connaissances, tout cela,
comme le fait observer M. Joly, se tient et tout
cela vient en même temps.

Le dossier de Lepage nous le montre encore
se familiarisant de bonne heure avec l'argot et
apprenant ce qu'il appelle lui-même les « trucs
du métier ».

Ce garçon aimait un peu sa mère et l'écoutait
dans une certaine mesure. C'est même le seul
bon sentiment qu'on ait pu lui attribuer. Après
son crime, il dit :

« Si ma mère avait vécu, je n'aurais pas agi
ainsi. »

Mais la pauvre femme morte, son fils commence à s'absenter du logis pour aller souvent chez un oncle, parti depuis pour Buenos-
Ayres. Il quitte bientôt le logis paternel pour
n'y plus revenir que « quand il est très à sec ».
Dès lors, il fréquente tout ce qu'il y a de pire
et y cherche des modèles. A quinze ans, il vole
en compagnie d'un garçon de deux ans plus
âgé que lui. Il s'agissait d'une paire de bottines
enlevées à un étalage, et ce n'était point pour pré-
server ses pieds du froid qu'il les avait prises. Ces
bottines étaient des chaussures de femme, et,
d'après les aveux faits, elles devaient être aussitôt vendues.

Puis, vient la société des souteneurs. Joseph
Lepage les fréquente, et aussitôt les envie.
Quand son père lui reprochait sa paresse et son
inconduite, il lui répondait :

« Celui qui travaille est un imbécile. Que je
trouve seulement une femme qui me fasse quarante sous par jour, et tout ira bien. »

Nous pourrions multiplier ces observations et
passer en revue toute la série des petits gredins
qui ont, depuis dix ans, défilé devant la Cour
d'assises, et chez tous, les Menesclou, les Gille,

les Abadie, les Knoblock, les Kirail, les Kaps, les Berland, les Doré, nous retrouverions, isolées ou réunies, ces influences fatales qui déterminèrent leurs actes : absence de famille ou mauvais exemples donnés par elle, fréquentations perverses, vanité, paresse.

Ces documents épars dans les comptes rendus judiciaires n'apprendraient rien de nouveau au point de vue des faits, puisque chacun a pu en prendre connaissance au fur et à mesure des débats criminels.

Nous préférons donc résumer sans plus tarder nos conclusions au sujet des petits assassins.

Le meurtre n'est pas une forme distincte et isolée dans la série des manifestations criminelles, c'est une conclusion.

Le plus souvent c'est l'occasion, la nécessité qui transforme le voleur en assassin.

Quand un mineur est suffisamment corrompu pour ne pas hésiter devant un attentat contre les personnes, il est trop tard pour essayer de la thérapeutique morale. La psychiatrie perd ses droits. La société n'a pas à guérir, mais à se défendre. Il appartient aux criminalistes de déterminer les mesures de répression à prendre, nous n'avons pas à les suivre dans cet ordre d'idées.

Mais, d'autre part, s'il est vrai, comme nous le croyons fermement, qu'il n'y ait pas d'assassin-né, il résulte qu'en intervenant assez tôt, soit pour secourir, soit pour amender le mineur, à une phase inférieure de son développement criminel, la société, dans la presque totalité des cas, pourrait interrompre l'évolution de la perversité. C'est la vérité contenue dans le vieux distique :

> Principiis obsta, sero medicina paratur
> Quum mala per longas invaluere moras.

Ce n'est que lorsque l'humanité aura rempli dans leur plénitude ses devoirs de protection vis-à-vis de l'enfance, qu'elle cessera d'être l'inconsciente complice des petits assassins. Jusque-là, elle doit se dire :.

« J'ai les criminels que je mérite. »

DEUXIÈME PARTIE

—

L'ENFANT ET LA LOI

RESPONSABILITÉ

DES ENFANTS CRIMINELS

La question de la responsabilité criminelle, non seulement des enfants, mais de toute l'espèce humaine, est certainement une de celles qui ont suscité depuis vingt ans le plus de discussions et fait noircir le plus de papier. C'est qu'en effet il n'y en a guère de plus importante, puisque ce problème se rattache par ses prémisses aux bases mêmes de la psychologie (question du libre arbitre) et par ses conséquences à la légitimité des peines.

Ce n'est pas ici le lieu de rappeler les arguments favorables ou défavorables au déterminisme, non plus que les arguments récents introduits dans la discussion par le progrès des sciences médicales et l'évolution des connaissances anthropologiques et physiologiques.

Toutefois, il est difficile de ne pas provoquer, en ce qui concerne les enfants, une réponse très nette aux questions suivantes :

Les enfants sont-ils responsables de leurs actes? Existe-t-il parmi eux des *criminels-nés?* Peut-on de ces crir inels-nés faire d'honnêtes gens?

LES ENFANTS NAISSENT-ILS CRIMINELS?

Les deux derniers congrès d'anthropologie criminelle qui ont eu lieu à Rome en 1885, et à Paris en 1889, ont consacré la meilleure part de leurs travaux à la solution de ce problème.

On sait que l'école italienne, dont M. Lombroso est le chef respecté, a réuni tous les arguments scientifiques susceptibles de militer à l'heure actuelle pour l'affirmative. Selon M. Lombroso et ses adeptes, il y a des enfants qui apportent, dès les premières années de leur vie, des indices de criminalité permettant de les classer dans telle ou telle catégorie de criminels-nés, comme on classe dans un herbier telle ou telle plante par ordre de famille. Le savant italien a dressé minutieusement, après de longues études, la nomenclature de ces indices spécifiques, et nous-mêmes avons pu constater, en bien des cas, sur les jeunes détenus des établissements pénitenciers, la fréquence des caractères généraux qu'il signale. Les plus apparents et les plus communs sont l'écartement des oreilles du crâne, et le croisement ou l'irrégularité des dents centrales du maxillaire supérieur.

On comprend quelle émotion ces observations du Dr Lombroso, faites avec des procédés méthodiques et une bonne foi absolue, ont pu susciter dans les consciences des criminalistes et des moralistes.

Si l'on établit qu'à tel signe physique correspond telle tendance *irrésistible* à un crime défini, la société n'a plus à attendre que la faculté innée passe de la puissance à l'acte, que le criminel-né ait fait ses preuves, pour se débarrasser de lui et le mettre dans l'impossibilité de nuire, soit par l'incarcération, soit par tout autre moyen préventif.

De même qu'on enferme un fou furieux avant

qu'il ait étranglé ses voisins, uniquement parce qu'il serait susceptible de le faire, de même l'enfant né assassin doit être mis dans l'impuissance de mal faire, avant d'avoir accompli le moindre méfait.

Ce ne sont donc plus des juges, mais des médecins qui auront à décider du sort des individus. Quand des mensurations, des constatations minutieuses auront démontré qu'à dix ans l'enfant présente les caractères indéniables du type criminel, la prison s'ouvrira pour lui, sans autre forme de procès, et la société pourra respirer tranquille, à condition de mettre un cadenas solide aux portes de ses lazarets.

Les principes du Dr Lombroso, dont nous forçons un peu à dessein les déductions logiques, pour les faire apparaître plus nettes, ont trouvé, comme il fallait s'y attendre, de nombreux contradicteurs. Au congrès de Paris, ces contradicteurs se sont levés de toutes parts.

On a d'abord discuté sur la notion du crime. Cette notion s'est évidemment modifiée avec les temps et avec les pays. Le mot de Pascal, « vérité en deçà des Pyrénées, erreur au delà », est vrai non seulement dans le domaine intellectuel, mais dans le domaine moral. Néanmoins on pourrait, si tel indice physique correspondait toujours à la tendance fatale à tel acte, admettre que chaque nation, suivant sa conception momentanée du crime, devrait tantôt faire enfermer ceux qui ont une asymétrie typique du visage, tantôt ceux qui ont l'appendice lémurien des mâchoires. Il y aurait une mode suivant les siècles et les hémisphères.

Mais le Dr Manouvrier a serré de plus près la question.

Selon lui, le crime est une matière sociologique, et non une matière physiologique. Pour que les observations soient concluantes, il faudrait les faire porter non pas seulement sur les criminels, mais sur les honnêtes gens, pour savoir chez combien d'entre ces derniers on pourrait relever de ces signes prétendus fatals. Puis il insiste, et c'est là une des parties les plus importantes de son mémoire, sur l'incohérence de la classification des criminels.

La classification, dit-il, des criminels en voleurs, assassins, incendiaires, ne saurait constituer un moyen d'analyse suffisant. Il conviendrait d'examiner séparément :

13.

1° Les crimes étranges, c'est-à-dire inexplicables chez un homme sain et normalement constitué, qui sont commis par des aliénés, des épileptiques, des idiots, des malades en délire ou des monstres anatomiques. Ce terrain appartient à la pathologie et à la tératologie.

2° Les crimes accomplis sous l'influence d'un trouble passager bien caractérisé (colère, ivresse, jalousie, peur, etc.) pouvant survenir chez des hommes quelconques, mais de préférence chez certains individus. Il faut distinguer ici les criminels dérangés habituellement ou fréquemment, c'est-à-dire les irascibles, les ivrognes, etc., et les criminels victimes d'un dérangement accidentel pouvant survenir chez l'homme le plus sain et le plus normal. On peut s'attendre à rencontrer dans cette classe beaucoup de dégénérés et de faibles d'esprit, d'inférieurs de toutes sortes, physiologiquement et anatomiquement.

3° Les crimes accomplis de sang-froid, soit habituellement et en quelque sorte professionnellement, soit occasionnellement, sous l'influence de conditions sociologiques fâcheuses et de motifs susceptibles d'agir régulièrement sur des hommes parfaitement sains et normaux.

Des distinctions de ce genre, basées sur l'analyse physiologique et la distinction entre l'état normal et l'état pathologique, sont indispensables dans l'étude dont il s'agit, bien qu'il soit difficile et même impossible de classer de la sorte nombre de cas douteux et intermédiaires. Sans elle, la classe sociale des criminels ne peut être qu'un fouillis physiologique auquel correspondra, peu utilement pour la science, un fouillis anatomique.

Il est bon aussi de chercher à distinguer physiologiquement et anatomiquement l'état normal de l'état anormal.

Physiologiquement il est anormal de tuer et de voler sans motif, ou bien sans autre motif que de voir souffrir quelqu'un dont on n'a reçu aucun dommage. Mais il faudrait être optimiste renforcé et un admirateur bien enthousiaste de l'humanité pour croire qu'il est anormal de convoiter le bien d'autrui, et, le convoitant, de chercher à se l'approprier. On n'est donc pas obligé de supposer que les crimes ordinaires se rattachent à un état physiologique morbide ou anormal. Quelque estime qu'on ait de soi-même, il est aisé d'imaginer des combinaisons de circon-

stances telles qu'on pourrait devenir un criminel.

Et puis, on peut encore considérer que beaucoup de particularités physiologiques peuvent
être, suivant les circonstances, des qualités ou
des défauts. L'audace, qui sera la cause d'une
action d'éclat chez un soldat, deviendra l'objet
de remarques désavantageuses chez un criminel.
La brutalité fait partie des qualités recherchées
dans certaines professions très honorées.

Tel excellent employé « dégourdi », beau par-
leur, aurait pu faire un escroc dangereux. D'autre
part, avec une force musculaire plus grande, ou
un peu plus d'audace, ou un peu plus d'initiative,
tel honnête homme deviendrait capable d'être
un malfaiteur redoutable. On conçoit, en somme,
non seulement que le crime ne soit pas nécessairement lié à des particularités physiologiques
anormales ou désavantageuses, mais encore qu'il
puisse être déterminé, toutes choses égales d'ailleurs, par de véritables qualités, empêché par de
véritables défauts.

. Revenant aux observations acquises, le Dr Manouvrier les résume dans cette conclusion : .

A-t-on rencontré un caractère anatomique

pouvant servir à caractériser exclusivement les criminels, ou une certaine catégorie de criminels (voleurs, escrocs, assassins, etc.)? Non, et il n'y a peut-être pas un seul anthropologiste qui croie à l'existence d'un tel caractère. On peut considérer comme plus ou moins fâcheuse, au point de vue de la tendance au crime, la présence de tel caractère ou de tel ensemble de caractères, mais sans admettre pour cela que ces caractères soient spécifiques, spéciaux aux criminels. La recherche de tels caractères ressemble quelque peu à celle de la pierre philosophale.

En vain accumulerez-vous les caractères pathologiques et anormaux de toutes sortes que vous aurez rencontrés chez les criminels. Vous arriverez ainsi à faire un monceau énorme ; mais vous en feriez un non moins énorme, et de composition très analogue, si vous vous mettiez, avec un zèle égal, à relever toutes les imperfections des non-criminels. A tous vos dessins, moulages et photographies de criminels épileptiques, idiots, dégénérés, monstrueux, grossiers, il serait facile d'opposer des représentations non moins nombreuses d'honnêtes gens tout aussi épileptiques, dégénérés, monstrueux ou grossiers. Il est vrai que ces honnêtes gens-là, ou plutôt ces non-criminels, pourraient bien n'être pas exempts de dispositions fâcheuses fort susceptibles de conduire au crime dans certaines conditions ou circonstances. Mais c'est précisément là que ressort le défaut de la doctrine et de la méthode d'investigation de l'école de M. Lombroso, car ce défaut consiste à considérer le criminel comme une variété humaine spéciale que l'on peut décrire anatomiquement, à part, alors que c'est surtout un produit sociologique.

En cherchant un type criminel, vous trouverez des hommes imparfaits dont les imperfections ressemblent absolument à celles des hommes non criminels, avec cette différence que ces imperfections paraissent être plus fréquentes chez les criminels. Quand cette différence, probablement assez faible, aura été définitivement démontrée, cela signifiera que la catégorie des criminels est une catégorie inférieure dans son ensemble; mais ce sera toujours une catégorie sociale, et non une *variété* définissable anatomiquement.

Un autre savant, M. Dimitri Drill, appuie en ces termes les critiques de M. Manouvrier :

Le seul facteur anatomique ne suffit pas pour engendrer la criminalité.

Les influences défavorables, agissant d'une façon prolongée, quelquefois pendant des générations, forment petit à petit des organisations défectueuses et vicieuses différentes, et par cela même plus ou moins souvent prédisposées au crime. Et quand ces natures sont formées, les mêmes conditions extérieures défavorables agissent sur elles et les déterminent pour le crime. On comprend donc que, pour l'existence de ce dernier, les conditions défectueuses seules du milieu ambiant sont insuffisantes, de même que la mauvaise organisation psychophysique seule est incapable de l'engendrer.

Pour que le crime soit possible, la coïncidence de deux éléments est nécessaire. C'est ce qu'a si bien exprimé le célèbre assassin Lemaire : « Si j'avais des rentes, dit-il au président, je ne serais pas ici. »

C'est pourquoi je me permettrai d'exprimer l'opinion qu'il serait à souhaiter que des expressions telles que « le type criminel », « le criminel-né », fussent écartées du domaine de l'anthropologie criminelle.

M. Tarde, un juriste, ajoute :

« Pour moi, il ne saurait y avoir de doute : le crime est dû surtout à la prépondérance du milieu social. »

Enfin, le D' Lacassagne, professeur de médecine légale à la Faculté de médecine de Lyon, tout en admettant l'existence d'un type criminel, affirme que les facteurs sociaux ont dans la genèse du crime une influence plus grande que celle des facteurs anatomiques et physiologiques. J'inclinerai même à penser, continue-t-il, que dans ce problème il ne faut tenir compte que des influences sociales, parce que le milieu modifie l'organisme et crée ainsi certaines anomalies.

Ces anomalies, je ne les nie pas; elles existent chez les fous comme chez les criminels, mais plusieurs de celles signalées par l'école italienne ont une origine ou des causes sociales.

Dans notre société actuelle, comme dans toutes les sociétés, il y a des couches différentes par leur bien-être, des riches et des pauvres. Ces dernières, constituées par des individus mal logés, peu alimentés, ayant des habitudes vicieuses, ont le triste privilège des maladies de la grossesse et de l'enfance qui déforment le squelette et attaquent plus ou moins profondément le système

.nerveux. C'est le mal de misère, qui laisse son empreinte et contribue ainsi à la création de ces anomalies anatomiques si bien relevées par Lombroso. Mais ce n'est pas cela qui fait le criminel. Chez celui-ci les modifications de fonctions, sans être pour cela des anomalies, portent sur les relations réciproques du système cérébral et du milieu social.

Le résumé des citations qui précèdent se trouve dans cette phrase empruntée au compte rendu du secrétaire général du Congrès de Paris :

« En définitive, la solution du problème posé par M. Lombroso est et demeure réservée. »

Par contre, si la savante assemblée s'est montrée assez rétive pour admettre la prédestination anatomique et physiologique au crime, la plupart de ses membres sont tombés d'accord sur l'énorme importance de l'éducation, du milieu et des circonstances dans la genèse du crime. On a rappelé les idées de Condorcet.

L'enfant, dans sa première enfance, n'est pas chaste, parce qu'il n'a aucune idée de pudeur. L'enfant donne sa nature avec l'ingénuité la plus absolue. Ce n'est que peu à peu que naît le sentiment de la pudeur, qu'il en devine la

maxime, et qu'il en déduit la vertu de la chasteté.

L'enfant, dans les premières années, n'a pas
le respect de la vérité. Dans la littérature alle-
mande, il y a un poète de premier ordre qui,
dans un roman célèbre, a raconté sa propre
enfance. Vous trouverez là l'histoire d'un enfant
de dix ans environ qui ment, qui voit s'appro-
cher le châtiment vers un camarade innocent
qu'il accuse. Il en souffre, il brûle déjà de repentir de son manque de respect pour la vérité, et il
persiste à mentir.

Vous trouverez également dans l'enfant un
instinct de destruction qui est en contraste
avec le respect pour la propriété. Gœthe, dans
son autobiographie, raconte avec délices qu'un
jour étant, dans son premier âge, resté seul
ou inobservé à la maison, il se mit à ouvrir les
armoires pour en retirer les porcelaines, tasses
et assiettes, et les jeter pêle-mêle par la fenêtre.
En lisant son récit, on s'aperçoit que l'homme
mûr est encore sous le charme du souvenir de la
volupté avec laquelle il cassait ce que sa mère,
en bonne ménagère, avait su mettre en garde.
Voilà l'enfant, dit M. Moleschott. Il n'a, dès la

plus tendre enfance, ni pudeur, ni respect de la vérité, et il possède le besoin turbulent de détruire.

Évidemment, il s'agit là de natures peu heureuses; mais même en supposant que la conscience de l'enfant soit la table rase dont parle le philosophe, sans inclination naturelle au bien plutôt qu'au mal, on comprend quelle influence les moindres circonstances extérieures pourront et devront exercer sur lui.

Je dois insister sur ce point fondamental, dit M. Manouvrier, que nous avons déjà cité, car, dans cette question de la genèse des criminels, il me semble qu'il ne suffit pas de consacrer à l'influence du milieu, comme on le fait trop souvent, quelques phrases de politesse. C'est de la raison d'être et de la base même de l'éducation qu'il s'agit en ce moment.

On a beau être du même pays, de la même race, de la même classe sociale, de la même famille, on diffère les uns des autres par le caractère et par la conduite. Que les différences anatomiques y soient pour quelque chose et souvent pour beaucoup, c'est admissible; mais je n'en crois pas moins que l'homme est l'instrument et que

c'est le milieu qui en joue. Or, ce milieu, je le
répète, est indéfiniment variable, et l'on ne peut
supposer que deux hommes puissent être soumis
aux mêmes conditions de milieu, si l'on examine
celui-ci comme il convient, c'est-à-dire dans ses
variations concrètes et réelles, et non dans son
ensemble abstrait, qui n'est plus qu'une sorte de
signe algébrique.

Supposons deux frères aussi semblables que
possible originellement, et supposons qu'on se
propose de les élever de même façon, ainsi que
les parents croient le faire très souvent. Tous les
deux n'en seront pas moins soumis à des conditions de milieu très différentes, et cela dès leur
naissance même. L'un est l'aîné, le dernier est
un petit frère né à un autre âge des parents,
dans d'autres conditions morales et peut-être
matérielles de la famille. La nourrice, les jeux,
l'affection du père ou de la mère, les voisins,
l'habitation, les maladies, tout cela a pu être
différent pour l'un et l'autre. Ils vont au même
collège, mais ils n'ont ni les mêmes maîtres, ni
surtout les mêmes camarades. Un simple changement de domestique, que vous ne voudriez pas
noter, peut être, au point de vue où je me place,

un grand événement. Un seul mot, un geste, un regard, peuvent être aussi des événements. Plus tard, ce seront les livres lus, les spectacles, etc., qui seront différents pour ces deux frères. Si je n'entre pas dans des détails plus minuscules, je n'en pense pas moins que de tels détails qui sembleraient ridicules aux biographes, constituent les conditions de milieu les plus importantes psychologiquement. Nous sommes faits, moralement, par ces petites influences, et je m'en rapporte, là-dessus, aux souvenirs de chacun d'entre nous. Quant aux actes de la vie, ils dépendent de causes encore plus minuscules en apparence ; il a suffi que nous rencontrions telle personne, un certain jour, pour modifier nos habitudes et notre genre de vie.

On me dira que je rabaisse ainsi l'influence de l'éducation ! Nullement, car l'éducation consiste à écarter de l'enfant les mauvaises influences et à le mettre en rapport avec de bonnes influences, afin que celles-ci contre-balancent l'effet des premières. On n'y parvient pas toujours ; on n'est jamais sûr d'y être parvenu dans un cas donné, car on ne sait pas mesurer cela, et l'on ne sait jamais tout ce qui pourra survenir. Mais l'art

de l'éducation tirera grand profit de l'étude des
influences dont je viens de parler, et qui ne sont
pas méconnues, en principe, par les éducateurs
sérieux. Il n'est pas un de ceux-là qui ne préfé-
rerait agir sur un enfant criminellement con-
formé, [d'après M. Lombroso (sans être malade),
plutôt que sur un enfant déjà influencé et devant
être influencé ultérieurement par un milieu
favorable à l'exercice et au développement des
mauvais instincts.

Un autre argument à l'appui de la thèse que
je soutiens : M. Lombroso n'a pas manqué d'étudier la criminalité chez les animaux. Je ne puis
manquer à mon tour de puiser là les plus frap-
pants exemples de l'influence du milieu sur la
conduite. S'il est un criminel-né, c'est bien le loup
envisagé dans une société humaine, car il est
organisé pour manger nos moutons, et c'est un
instinct puissant qui le pousse au crime. M. Lombroso fait observer que le crime pour un loup
n'est pas de manger des moutons; ce serait de
manger d'autres loups, et l'on dit que les loups ne
se mangent pas entre eux. J'abonde dans ce sens,
car s'il est naturel et légitime que le loup mange
les moutons, l'influence du milieu peut l'em-

pêcher d'obéir même à cette impulsion naturelle. Un loup *bien élevé* devient inoffensif.
Il faut évidemment prendre des soins pour cela,
mais il en faut aussi pour bien élever un homme.
Un membre de la Société d'anthropologie de
Paris, M. Rabourdin, a tenté cette expérience
avec succès, et il a rendu un loup honnête; il
en a fait un chien de garde; d'un criminel-né, il
a fait un honnête gendarme. Ce loup, toutefois, n'était pas devenu absolument aimable : il
était grossier jusque dans ses démonstrations
amicales, tant il est vrai que l'organisation ne
perd jamais ses droits. N'en est-il pas de
même pour les « criminels-nés » devenus gendarmes?

L'exemple que je viens de citer est loin d'être
unique. Chacun en connaît d'analogues. On voit
à Paris beaucoup de chats honnêtes, à qui l'on
peut laisser ouvertes, sans crainte, les portes de
la cuisine et de la salle à manger, et ce sont
pourtant des voleurs-nés par excellence. On
en a exhibé qui jouaient avec des souris en bons
camarades. Voilà ce que peut faire l'éducation,
le milieu, contre l'organisation et les instincts
les plus héréditaires. Ces animaux domestiques

ne sont-ils pas comparables aux hommes civili-
sés? L'espèce humaine n'est-elle pas méchante
et voleuse, lorsqu'elle n'est pas policée?

L'une des conditions de milieu les plus importantes à réaliser, lorsqu'on veut annihiler les
instincts féroces des animaux, c'est de leur servir
une pitance régulière, qui n'est pas sans analogie
avec les rentes, grâce auxquelles tant d'hommes
violents et voleurs par nature s'abstiennent pendant toute leur vie, non pas de commettre des
brutalités et des indélicatesses, mais de commettre des crimes contre les personnes et les
propriétés. Il semble même que le naturel puisse
perdre souvent ses droits, grâce à certaines conditions de milieu très favorables. C'est ainsi que
l'on voit tous les jours de très bons garçons avec
des visages qui ne dépareraient pas les collections
de MM. Ferri et Lombroso.

D'ailleurs, M. Lombroso veut bien reconnaître, lui, que les individus qui présentent, évidemment, des caractères anatomiques inférieurs
ou désavantageux, peuvent être de très honnêtes
gens. Cela dépend de leur milieu, et je crois que
la laideur de ces individus contribue, par elle-
même, à les placer dans certaines conditions de

milieu très dangereuses. La laideur provoque l'antipathie, et l'antipathie provoque la haine de ceux qui en sont l'objet. Beaucoup d'enfants laids et mal doués sont exposés à devenir méchants, par suite de l'animadversion même dont ils sont l'objet, tandis qu'ils auraient pu devenir bons, même connaissant leur laideur, s'ils avaient trouvé, autour d'eux, de l'affection et de la sympathie. Dans ce cas, l'homme cherche à compenser sa laideur par de bonnes actions. Mais, en général, il est imprudent de faire savoir à un enfant, même à un homme, qu'on le considère comme un criminel-né. C'est, inversement, un bon moyen d'action sur un individu que de le persuader qu'on s'attend à le voir accomplir des actes louables.

Reprenant et complétant cette idée si juste, M. Herbette, alors directeur de l'Administration pénitentiaire, s'efforçait d'établir que les doctrines fatalistes, fussent-elles scientifiquement démontrées, ne devraient pas être mises en pratique, en raison des conséquences qu'elles pourraient avoir.

C'est ce qu'on appelle, il est vrai, un procès de tendance, et l'argumentation ne saurait être

14

admise dans une discussion purement spécula-
tive. Mais, quand on se place au point de vue de
la « politique des résultats », on ne saurait prêter trop d'attention aux réflexions de M. Herbette.

C'est avec réserve, dit-il, que des administra-
teurs, des fonctionnaires, peuvent se mêler à des
discussions où l'entière liberté d'action ne leur
appartient pas, alors même que leur liberté d'opinion est plus complète. Ceux qui cherchent, ceux
qui croient avoir trouvé théoriquement la vérité
ont droit à la plus grande indépendance d'allures. Toute science *qui se fait,* comme l'anthropologie criminelle, traverse des périodes de tâton-
nement parfois mêlées de hardiesse. Ses élans,
en sens divers, ses entraînements même, peuvent
être favorables aux découvertes. Et personne ne
songerait à s'en inquiéter *que le jour où ces doctrines se formuleraient en règles positives,* agiraient
directement sur les institutions, les services et
les intérêts publics. Dans la pratique il ne faut
pas faire de faux pas, ni tenter avant l'heure des
expériences dont les honnêtes gens, et même les
malhonnêtes gens payeraient les conséquences.

Sans négliger les autres branches de l'anthro-

pologie, les criminalistes et les pénitentiaires
désireront toujours, par souci de l'intérêt social
et de l'intérêt individuel, que l'anthropologie
criminelle soit cultivée avec la prudence et la
discrétion qui conviennent, afin de ne pas fournir
de prétextes et de justifications commodes, soit
aux individus qui proclament leur propre perversité toute naturelle et nécessaire, soit aux
personnes qui n'aiment pas à peiner pour réagir
contre la perversité d'autrui.

Est-il des enfants criminels qui soient physi-
quement, fatalement, condamnés à ne jamais
guérir? L'Administration pénitentiaire n'admet
guère que ses collaborateurs acceptent cette idée :
elle leur épargnerait trop aisément les efforts et
les soins dont ils ont charge. Traiter des coupables
en incurables est le sûr moyen de les rendre
tels, quand ils ne le seraient pas. Il est prudent de
ne jamais admettre l'incurabilité avant la mort.

On ne saurait donc s'attaquer au problème de
l'enfance qu'avec cette sorte de respect qu'on
doit aux faibles, avec cette circonspection nécessaire à qui représente la force. En face des
familles, des éducateurs de tout genre, dans une
matière si délicate, où une femme, qui est sim-

plement mère, devine et sait, en quelque sorte
inconsciemment, autant que les penseurs, l'étude
.anthropologique semble pouvoir redoubler de
prudence. Elle peut hésiter à troubler les personnes qui consacrent leur intelligence et leur
force à ce travail d'enfantement moral des
générations nouvelles.

Aussi doit-on noter comme exigeant de fermes
réserves toutes tendances au fatalisme, à cette
triste prédestination qui vouerait de pauvres
êtres à l'abandon, à la déchéance, par idée que
tels caractères de leur conformation physique les
y condamnent.

Faire vivre des malheureux, au milieu de la
société, à l'état de réprouvés et de désespérés,
les marquer d'un signe ineffaçable de péché ori-
ginel, serait, au moral, une rigueur que les reli-
gions mêmes ont redoutée lorsqu'elles admettent
une rédemption. Au physique, cette rigueur ne
serait pas moins cruelle, si elle s'imposait au
nom de la vérité absolue. Et encore faudrait-il
être dix fois sûr, comme d'une réalité vingt fois
démontrée, que les lois fatales ainsi promul-
guées sont réellement des lois.

Pour moi, je ne puis m'empêcher d'admirer,

dans ses illusions même, qui sont encore une
partie de sa force, cette foi dans le relèvement
possible, dans le salut de l'être aimé, cette folie
admirable de l'amour, folie créatrice qui fait,
par exemple, que la mère d'un assassin, d'un
condamné à mort, croit au bon cœur de son fils,
à la possibilité, pour lui, de vivre encore une vie
d'honnête homme.

Étant sa mère, elle le voit encore, elle le voit
toujours enfant; par là même, elle le voit capable
encore d'amendement et digne de salut. Et qui
oserait affirmer qu'elle n'a sûrement pas raison?
Qui ne sent que, même déçue dans ses effets,
cette impulsion du cœur répond aux lois éter-
nelles de la vérité morale ?

L'honneur et le privilège de l'humanité ne sont-
ils pas, précisément, de lutter contre le destin?

Comme directeur de jeunes détenus, je ne
crois pas aux enfants nés criminels; comme
anthropologiste, je n'y crois pas non plus, et per-
mettez-moi de citer ici un exemple qui nous
prouve combien il faut se défier des indices et
des signes auxquels on croit reconnaître les criminels.

Un enfant, dès son plus jeune âge, montrait

14.

les instincts les plus pervers, on remarquait chez
lui les plus mauvaises dispositions; il ne tarde
pas, du reste, à se mal conduire, et est envoyé
dans une maison de correction. Il est toujours
puni, ne quitte pas le quartier cellulaire; le
directeur est obligé de demander son transfère-
ment dans un quartier correctionnel, où il est
encore des plus mal notés; cependant c'est là
que sont les pires parmi les mauvais. Soldat, sa
conduite est déplorable, il est envoyé dans une
compagnie de discipline en Afrique. Il est évident que si M. le professeur Lombroso eût exa-
miné cet individu, il aurait trouvé en lui tous les
signes et les caractères distinctifs du criminel.
En effet, il commet une action infâme, est dé-
gradé et condamné à mort.

Nous sommes au moment de la guerre. La
France est envahie. On forme derrière nos armées battues de nouvelles armées pour lutter
encore. Un de ces jeunes hommes qui venaient
s'engager avec tant d'entrain et de courage à
l'armée de la Loire, présente des papiers à peu
près réguliers, il est incorporé dans un régiment
où, bientôt, grâce à son courage, il devient capo-
ral, puis sergent.

Dans une de ces sanglantes batailles où nos soldats héroïques fléchissent sous le nombre, le drapeau du régiment passe de main en main; tous ceux qui le portent sont frappés, les masses ennemies envoient sans cesse des troupes fraîches qui déciment nos soldats épuisés. Mais le sergent a rallié quelques hommes, et quoique plusieurs fois blessé, il sauve le drapeau qui reste entre nos mains. Décoré pour ce fait, le sergent passe officier, arrive lieutenant. Qui de nous n'eût alors trouvé sur sa mâle figure la marque du vrai courage? Ce n'est que plus tard, étant capitaine, qu'il est reconnu par un ancien brigadier des compagnies de discipline qui dit son nom à son colonel, et fait reconnaître en lui l'ancien colon, l'ancien condamné à mort qui s'était évadé la veille du jour où l'exécution devait avoir lieu. Le capitaine passa au conseil de guerre, mais à l'unanimité fut acquitté.

En terminant ce chapitre, sur l'anecdote citée par M. Herbette, nous résumerons ainsi l'état de la question posée en tête de ces pages :

1° L'anthropologie criminelle n'a pas encore établi rigoureusement qu'il existât des signes physiques communs à *tous* les enfants criminels.

2° Cette classification, fût-elle faite, démontrerait l'existence d'une famille sociologique et non physiologique.

3° La prétendue prédestination au crime n'exclurait pas la possibilité du relèvement sous l'influence des milieux et de l'éducation.

4° La prédestination au crime, si elle était établie théoriquement, ne devrait pas, au point de vue de l'intérêt social actuel, être admise dans la pratique des lois et des règlements pénitentiaires.

CORRECTION PATERNELLE [1]

Le seul moyen mis par la loi à la disposition des parents pour la répression des mauvais instincts de leurs enfants est la détention de ceux-ci dans un établissement correctionnel.

[1] C. civ. 375. — Le père qui aura des sujets de mécontentement très grave sur la conduite d'un enfant, aura les moyens de correction suivants :

376. — Si l'enfant est âgé de moins de seize ans commencés, le père pourra le faire détenir pendant un temps qui ne pourra excéder un mois; et, à cet effet, le président du tribunal d'arrondissement devra, sur sa demande, délivrer l'ordre d'arrestation.

377. — Depuis l'âge de seize ans commencé jusqu'à la majorité ou l'émancipation, le père pourra seulement requérir la détention de son enfant pendant six mois au plus; il s'adressera au président dudit tribunal, qui, après en avoir conféré avec le procureur de la République, délivrera l'ordre d'arrestation ou le refusera, et pourra, dans le premier cas, abréger le temps de la détention requis par le père.

378. — Il n'y aura, dans l'un et l'autre cas, aucune écriture ni formalité judiciaire, si ce n'est l'ordre même d'arresta-

Cette détention n'entraîne aucune formalité judiciaire, sauf l'ordre d'arrestation qui est délivré, à la demande du père, par le président du tribunal d'arrondissement. Sa durée ne peut excéder un mois, si l'enfant est âgé de moins de

tion, dans lequel les motifs n'en seront pas énoncés. Le père sera seulement tenu de souscrire une soumission de payer tous les frais, et de fournir les aliments convenables.

379. — Le père est toujours maître d'abréger la durée de la détention par lui ordonnée ou requise. Si, après sa sortie, l'enfant tombe dans de nouveaux écarts, la détention pourra être de nouveau ordonnée de la manière prescrite aux articles précédents.

380. — Si le père est remarié, il sera tenu, pour faire détenir son enfant du premier lit, lors même qu'il serait âgé de moins de seize ans, de se conformer à l'article 377.

381. — La mère survivante et non remariée ne pourra faire détenir un enfant qu'avec le concours des deux plus proches parents paternels et par voie de réquisition, conformément à l'article 377.

382. — Lorsque l'enfant aura des biens personnels, ou lorsqu'il exercera un état, sa détention ne pourra, même au-dessous de seize ans, avoir lieu que par voie de réquisition, en la forme prescrite par l'article 377.

L'enfant détenu pourra adresser un mémoire au procureur général près la Cour d'appel.

Celui-ci se fera rendre compte par le procureur de la République près le tribunal de première instance, et fera son rapport au président de la Cour d'appel, qui, après en avoir donné avis au père, et après avoir recueilli tous les renseignements, pourra révoquer ou modifier l'ordre délivré par le président du tribunal de première instance.

383. — Les articles 376, 377, 378 et 379 seront communs aux pères et mères des enfants naturels légalement reconnus.

seize ans, ou six mois, s'il a dépassé cet âge ;
elle peut toujours être abrégée selon la volonté
du père, ou bien être répétée à plusieurs reprises,
si, après sa sortie, l'enfant commet de nouvelles
fautes.

Les parents qui réclament l'envoi en correction de leur progéniture sont, en général, d'honnêtes gens ne se décidant à cette mesure qu'a-
près avoir vainement employé des moyens plus
doux.

En effet, des parents indignes ne se préoccu-
peraient pas de l'amendement de leur enfant,
et ne songeraient nullement à le faire détenir
dans un établissement où ils doivent payer son
entretien s'ils ne sont pas absolument dans l'indigence ; ils laisseraient l'enfant s'abandonner à
ses vices en toute liberté et, dans certains cas,
pourraient même les exploiter.

Donc, les parents font interner leur enfant
dans le but de le ramener au bien ; mais ce
but pourra-t-il être atteint facilement avec les
moyens employés lors de l'envoi en correction à
court terme : c'est ce que nous nous proposons
d'examiner.

Le petit garçon dont les parents sont domiciliés à Paris subit sa peine en cellule à la petite Roquette; la fille peut être envoyée en cellule à Nanterre, mais en général elle est internée dans la maison correctionnelle de Fouilleuse, où elle est en contact complet avec les autres jeunes prisonnières auxquelles l'envoi en correction à court terme a été appliqué.

Si l'enfant habite la province, on ne peut songer à le transférer, pour un espace de temps très court, dans un établissement lointain. Il subit donc sa peine à la prison de l'arrondissement où ses parents sont domiciliés, et comme le système cellulaire est loin d'être répandu dans tous les départements, il risque fort de se trouver en contact avec des êtres beaucoup plus pervertis que lui.

Si l'enfant est placé dans une cellule à la petite Roquette, le séjour qu'il y fera lui paraîtra sans nul doute extrêmement pénible. En effet, cet enfant n'est pas un jeune vagabond habitué à coucher sous les ponts, à souffrir du froid et de la faim, ou bien à être roué de coups sous les prétextes les plus futiles. Il perd la liberté dont il jouissait, et échange la maison paternelle contre une petite cellule froide et nue où il reste

enfermé seul pendant presque toute la journée.
Ses parents, qui savaient pardonner au premier
signe de repentir, sont remplacés par des gardiens auxquels l'habitude de leurs dures fonctions
donne presque toujours une sèche impassibi-
lité. Il est mis au cachot et au pain sec pour les
fautes les plus légères. Ce régime doit certainement avoir une influence des plus fâcheuses sur
la santé et, s'il se prolonge, sur les facultés des
enfants délicats ou nerveux; est-il propre à
amener leur retour à de bons sentiments?

Sans doute l'enfant peut faire de salutaires
réflexions pendant ses longues heures de soli-
tude et d'inaction, car les petits travaux presque
purement manuels auxquels on l'occupe ne suffisent pas à l'absorber. Il compare le foyer
qu'il a momentanément perdu à la prison, où sa
mauvaise conduite l'a fait enfermer, et si ses
parents n'étaient pas la cause immédiate de son
malheur actuel, peut-être pourrait-il alors res-
sentir un sincère et sérieux repentir, et prendre
de bonnes résolutions. Mais ces bonnes résolutions sont neutralisées par le sentiment d'irrita-
tion qu'il éprouve, contre son père d'abord.
qu'il rend responsable de tout ce qu'il a à souf-

15

frir pendant sa détention, puis contre la société,
qu'il accuse d'avoir pris parti pour son père.
S'il est d'un naturel violent, il prendra la résolution de se venger par un redoublement de
méchanceté à sa sortie de l'établissement; s'il
est plutôt apathique, on pourra peut-être obtenir
de lui une sournoise apparence de résignation
et de douceur, mais celle-ci disparaîtra bientôt,
quand il se croira à peu près certain de l'impunité.

Comment, en effet, obtenir le véritable amendement d'un enfant par des moyens purement
matériels? Et l'on ne peut guère en employer
d'autres dans les cas d'envoi en correction sur
la demande des parents.

En effet, la détention de l'enfant ne pouvant
dépasser un mois si celui-ci a moins de seize ans,
ou six mois dans le cas contraire, l'administration pénitentiaire ne peut songer, en aussi
peu de temps, à s'occuper sérieusement de l'éducation de l'enfant; elle se contente de le détenir
et de veiller à son entretien, et ce qu'elle peut
faire de mieux, c'est de le mettre à l'abri de
pernicieux contacts en le condamnant à l'isole-
ment absolu.

De plus, quoique le père soit libre d'interrompre la détention de son enfant, il n'en pro-
fite généralement pas. Il ne s'est décidé à faire
interner son fils que dans l'espoir de lui donner
une bonne leçon, et, dès lors, il tient à le laisser
en prison pendant quelque temps. Or la loi ne
l'autorise à faire détenir l'enfant que pendant
un temps relativement très court; il est donc
peu probable qu'il veuille encore abréger lui-
même la durée de cette détention. L'enfant
sait donc avec certitude, ou à peu près, le
temps qu'il est condamné à passer en prison; il
se dit que sa bonne ou sa mauvaise conduite
n'aura point d'influence sur le jour de sa sortie,
et ne songe plus qu'à passer son temps de la
manière la moins désagréable qu'il lui sera possible.

Une de ses principales distractions — d'autant plus recherchée qu'elle aura toute la saveur
du fruit défendu — consistera à trouver moyen
de communiquer avec quelques-uns de ses com-
pagnons d'infortune.

Les gamins de Paris ont naturellement l'esprit vif; l'inaction et l'ennui avivent encore leur
ingéniosité. Les murailles de leurs cellules

étant trop épaisses pour se laisser aisément percer par des vrilles, les jeunes pensionnaires de la petite Roquette ont recours à des moyens plus originaux. Ils emploient comme tuyaux acoustiques certains conduits qui sont généralement employés à un usage moins inodore. Ces téléphones d'un nouveau genre pourraient seuls répéter les histoires saugrenues que les gamins, qui sont censés n'échanger jamais une parole, doivent se raconter par leur intermédiaire.

Quant à l'aspect de la petite Roquette, il est assez lugubre pour effrayer les parents qui se proposent d'y faire interner un de leurs enfants. Le bâtiment se présente comme une véritable forteresse : ce ne sont que grosses tours, petites cours resserrées entre de hautes murailles grises, fossés, ponts-levis, fenêtres grillées, portes métalliques et massives. L'endroit où les parents sont admis à voir leurs enfants, le « parloir », consiste en une grosse tour garnie intérieurement d'une suite de cages assez semblables à celles où l'on renferme les volatiles du Jardin des plantes. Ces cages sont divisées en deux parties par une barre de bois, à laquelle est fixée une pancarte portant le numéro attribué au jeune détenu; celui-ci se tient dans la partie de la cage la plus éloignée, et ne voit ainsi ses visiteurs qu'à la distance d'environ deux mètres, et derrière une grille. C'est seulement lorsque sa conduite a été extraordinairement bonne pendant longtemps qu'il peut obtenir, une fois par hasard, la permission d'embrasser ses parents.

Malgré tout, il est certains cas particuliers où la correction paternelle peut être utile. Il arrive parfois que le père d'un jeune homme qui doit atteindre l'âge de dix-huit ans dans quelques mois, redoute de voir son fils commettre, avant ce moment, un délit qui pourrait l'envoyer devant le tribunal correctionnel. Ce jeune homme, ayant dépassé seize ans, ne pourrait plus être acquitté comme ayant agi sans discernement, et, dès lors, si sa culpabilité était démontrée, se verrait infliger une condamnation qui, entre autres conséquences funestes, l'empêcherait de s'engager ailleurs que dans les bataillons d'Afrique. Le père, donc, peut avoir avantage à faire interner son fils jusqu'à dix-huit ans, de manière à s'assurer de sa sagesse jusqu'au moment où il lui sera possible de le faire engager dans l'armée.

Si nous envisageons maintenant la correction paternelle en ce qui concerne les filles, nous verrons qu'elle offre encore des inconvénients plus graves et plus nombreux que pour les garçons.

Les jeunes Parisiennes que leurs parents font envoyer en correction subissent généralement leur peine, comme nous l'avons déjà dit plus haut, à l'établissement correctionnel de Fouilleuse.

La jeune fille, comme le jeune garçon, a pres-*que toujours une famille honnête qui a vu échouer tous ses efforts pour la maintenir dans la bonne voie, et se reconnaît enfin impuissante à réprimer ses mauvais instincts.

Mais, tandis que le garçon se contente le plus souvent de déserter la classe et de faire l'école buissonnière en compagnie d'autres mauvais sujets, la fille donne parfois des sujets de mécontentement beaucoup plus graves : ses mœurs laissent à désirer, et il peut même arriver qu'elle ait déjà quitté le domicile paternel pour commencer à mener une vie de débauche.

Un séjour d'un à six mois à Fouilleuse constituera-t-il un remède suffisant pour son cas ?

Sans doute, la direction de l'établissement fait tout son possible pour ramener au bien les filles qui lui sont confiées, en même temps qu'elle les met à même de gagner leur vie; mais il est naturel qu'elle concentre presque toute sa sollicitude sur celles de ses pensionnaires qui lui sont confiées jusqu'à l'âge de vingt ans, et sur lesquelles elle espère pouvoir opérer des cures aussi merveilleuses, dans leur genre, que celles obtenues par les plus grands médecins.

Craignant donc que les jeunes filles envoyées en correction pour peu de temps ne viennent jeter le trouble parmi celles qui y sont envoyées jusqu'à vingt ans, et dont on s'efforce de refaire toute l'éducation morale, on leur a assigné un quartier spécial, mais où elles sont groupées toutes ensemble.

Or si les garçons, placés chacun dans une cellule particulière, trouvent moyen de communiquer entre eux, combien plus le feront les filles réunies? Elles font vite connaissance, se racontent leurs méfaits, s'excitent mutuellement, se plaignent amèrement du régime de la prison, et songent à découvrir les moyens d'y échapper. Celles qui sont d'un caractère aventureux tentent une évasion qui, d'ordinaire, a lieu la nuit par la fenêtre de leur dortoir; elles attachent

leurs draps à l'appui de la fenêtre, à l'exemple
de plusieurs prisonniers célèbres dont elles ont
peut-être lu les aventures. Ces évasions réussis-
sent souvent; on en a compté jusqu'à quinze en
un mois.

Les jeunes filles qui n'osent tenter une semblable aventure prennent leur mal en patience :
elles savent, du reste, qu'elles ne sont sous les
verrous que pour un temps relativement court.
Elles se contentent de s'entendre entre elles pour
se retrouver à la sortie. Elles se promettent bien
de mener joyeuse vie ensemble et de se dédom-
mager du régime des haricots et de l'emprisonnement par des parties fines, des soirées passées
dans les petits théâtres, et autres distractions du
même genre. Inutile de dire que d'habitude elles
se soucient fort peu de retourner chez leurs
parents, qui les ont fait enfermer et veulent les
condamner à mener une existence régulière.
Bien souvent, à peine sorties de Fouilleuse, elles
disparaissent de nouveau de la maison paternelle,
en ayant soin seulement de se cacher le mieux
possible. Par conséquent, leurs parents ne peuvent
les arracher que pendant un temps très court à
cette vie à laquelle ils voudraient les soustraire.

Il est inutile d'insister longuement sur le danger des prisons où les enfants peuvent se trouver en contact avec des détenus de toute espèce. Ceux-ci sont parfois des voleurs ou des voleuses passés maîtres en leur métier : ils engagent les enfants à venir les retrouver dès qu'ils seront, les uns et les autres, sortis de prison, et cherchent à les affilier à leur bande en leur faisant les descriptions les plus enchanteresses de la vie aisée et indépendante que mènent les gens de leur profession, quand ils sont assez adroits pour ne pas se faire arrêter.

En résumé, à part certains cas ne s'appliquant guère qu'aux jeunes gens approchant de l'âge où ils peuvent s'engager, nous pensons que les parents doivent éviter de faire envoyer eux-mêmes leurs enfants en correction. Quand un mineur n'a pas de trop mauvais instincts, ses ascendants peuvent toujours mieux le corriger que n'importe quels étrangers. Si ceux-ci ont le malheur — fort rare heureusement — de posséder un enfant *absolument vicieux*, ce qu'ils peuvent faire de mieux est d'attendre qu'il commette un délit permettant au tribunal de prononcer l'envoi en correction jusqu'à vingt ans.

15.

LES
ENFANTS TRADUITS EN JUSTICE

La législation française fixe à seize ans la majorité pénale. Au-dessus de seize ans, le mineur de vingt et un ans qui a commis un délit ou un crime est considéré comme responsable de ses actes dans la même mesure que le serait un majeur; au-dessous de seize ans, le délinquant ou le criminel peut être présumé n'avoir pas eu le discernement nécessaire, et, dans ce cas, acquitté, bien que la matérialité des faits qui lui sont reprochés soit établie (1).(Voy. Code pénal, art. 66-69.)

La loi ne fixe pas de limite d'âge minima au-

(1) C. pén. 66. — Lorsque l'accusé aura moins de seize ans, s'il est décidé qu'il a agi sans discernement, il sera acquitté; mais il sera, selon les circonstances, remis à ses parents, ou conduit dans une maison de correction, pour y être élevé et détenu pendant tel nombre d'années que le jugement détermi-

dessous de laquelle un enfant ne peut jamais
être poursuivi. Tandis que dans d'autres légis-
lations, un enfant de moins de sept ans, ou
même de moins de dix ou douze ans, ne peut
être traduit en justice, en France on voit des

nera, et qui toutefois ne pourra excéder l'époque où il aura
accompli sa vingtième année.

67. — S'il est décidé qu'il a agi avec discernement, les
peines seront prononcées ainsi qu'il suit :

S'il a encouru la peine de mort, des travaux forcés à perpétuité, de la déportation, il sera condamné à la peine de dix à
vingt ans d'emprisonnement dans une maison de correction

S'il a encouru la peine des travaux forcés à temps, de la
détention ou de la réclusion, il sera condamné à être renfermé
dans une maison de correction, pour un temps égal au tiers au
moins et à la moitié au plus de celui pour lequel il aurait pu
être condamné à l'une de ces peines.

Dans tous les cas, il pourra être mis, par l'arrêt ou le jugement, sous la surveillance de la haute police pendant cinq ans
au moins et dix ans au plus.

S'il a encouru la peine de la dégradation civique ou du ban-
nissement, il sera condamné à être enfermé, d'un an à cinq
ans, dans une maison de correction.

68. — L'individu, âgé de moins de seize ans, qui n'aura pas
de complices présents au-dessus de cet âge, et qui sera prévenu
de crimes autres que ceux que la loi punit de la peine de
mort, de celle des travaux forcés à perpétuité, de la peine de la
déportation ou de celle de la détention, sera jugé par les tribunaux correctionnels, qui se conformeront aux deux articles
ci-dessus.

69. — Dans tous les cas où le mineur de seize ans n'aura
commis qu'un simple délit, la peine qui sera prononcée contre
lui ne pourra s'élever au-dessus de la moitié de celle à laquelle
il aurait pu être condamné s'il avait eu seize ans.

enfants de quatre, cinq et six ans comparaître sur les bancs de la police correctionnelle. Il est vrai que le tribunal n'hésite pas à dire qu'un enfant de cet âge a agi sans discernement; il ne le condamne donc pas en vertu des articles 67 et suivants, il l'acquitte et l'envoie en correction, en vertu de l'article 66.

Si des magistrats adoptent cette mesure, c'est évidemment qu'ils n'ont pas d'autres moyens de protéger le jeune délinquant, de le soustraire à des parents indignes, et de mettre son éducation à la charge d'une administration publique. La loi du 24 juillet 1889, qui donne à l'Assistance publique la tutelle des enfants de parents déchus de la puissance paternelle, permet aujourd'hui aux juges d'envoyer un peu moins d'enfants de quatre à huit ans à l'administration pénitentiaire par ce procédé pénible de l'article 66.

Au-dessous de seize ans, le délinquant ou le criminel peut être considéré comme ayant agi avec discernement, et, par suite, frappé d'une condamnation. Il est vrai d'ajouter que la condamnation doit être moins forte que s'il s'agissait d'un adulte. La peine doit aussi être subie, non dans une prison, mais dans une maison de

correction. Il n'en est pas moins constant, d'une
part, que la condamnation figure sur le casier
judiciaire, compromet l'avenir de l'enfant, et
que, d'autre part, la maison de correction, dans
laquelle est subie la peine, n'est pas un établissement d'éducation correctionnelle analogue aux
maisons de correction dans lesquelles l'Administration pénitentiaire élève ses pupilles; c'est une
prison d'où sont si uplement exclus les adultes.

A quoi bon détenir pendant quelques jours ou
quelques semaines un mineur de seize ans, et
entacher son casier judiciaire lorsqu'il est possible, tout en l'acquittant comme ayant agi sans
discernement, de l'envoyer en correction, de le
mettre sous la tutelle de l'État? Le casier judiciaire reste intact, et l'éducation de l'enfant est
assurée par les pouvoirs publics.

Il existe beaucoup de préjugés contre l'envoi
en correction jusqu'à vingt ans. « Maison de correction, maison de corruption », est une parole
souvent prononcée, surtout par ceux qui n'ont
ni étudié la question, ni visité les établissements
pénitentiaires.

Il est certain que la réunion d'enfants vicieux
n'est pas exempte d'inconvénients. Baillet, cet

5

assassin exécuté récemment, racontait dans un
mémoire écrit en prison qu'il avait perdu le peu
de sens moral qui lui restait en subissant une
peine dans une maison de correction où il s'était
trouvé en contact avec des jeunes gens plus
pervertis que lui.

Mais quelques cas isolés ne constituent pas
une règle. Lorsque des parents placent leur
enfant dans un lycée ou une pension, ils le mettent en contact avec beaucoup d'autres enfants
dont un grand nombre peuvent avoir de moins
bons instincts que le leur, et dont quelques-uns
peuvent être tout à fait mauvais : ils ne croient
pourtant pas envoyer leur enfant à sa perte, sans
quoi ils le garderaient chez eux, et nos établissements scolaires seraient bien vite déserts. Puisque
nous nous exposons au danger qu'il y a à réunir
un grand nombre d'enfants d'une valeur morale
différente lorsqu'il s'agit de l'éducation de nos
propres fils et filles, pourquoi ne nous y résigne-
rions-nous pas quand il s'agit des jeunes détenus?

Certes, nous reconnaissons qu'il faut envoyer
en correction aussi peu d'enfants que possible.
Dès qu'un d'entre eux paraît conserver un certain
sens moral, nous sommes d'avis qu'il vaut mieux

le remettre à sa famille, ou essayer du placement
isolé. L'envoi en correction offre des inconvénients, comme toutes les institutions humaines;
mais, dans l'état actuel des choses, il nous paraît
que c'est la seule mesure raisonnable que l'on
puisse employer en ce qui concerne les enfants
vicieux. S'ils sont simplement remis en liberté,
ils commettront bientôt d'autres méfaits et se
feront arrêter de nouveau; si on les relâche
encore, les choses pourront continuer de même
jusqu'à ce qu'ils atteignent leur seizième année.
Alors ne pouvant plus être acquittés comme
ayant agi sans discernement, ils seront pris dans
l'engrenage des condamnations, feront connaissance avec la prison, s'y habitueront, en sorti-
ront avec un casier judiciaire qui les suivra
jusqu'à leur mort, commettront des fautes de
plus en plus graves et arriveront peu à peu au
crime; ils sont perdus sans ressource.

Voyons maintenant ce qui se passe lorsque
les juges, lassés d'avoir acquitté un enfant deux
ou trois fois, se décident à prononcer l'envoi en
correction.

L'article 66 invite le tribunal à limiter le temps
pendant lequel l'enfant sera soumis à la tutelle

administrative. Mais comment, en présence d'un fait délictueux et au vu de quelques renseignements de police, le tribunal va-t-il pouvoir fixer d'avance avec certitude le temps qui sera nécessaire pour corriger l'enfant? Le législateur allemand nous paraît avoir écarté cette difficulté en rédigeant ainsi le deuxième paragraphe de l'article 56 de son Code pénal : « Le jugement déclarera si le prévenu doit être rendu à sa famille, ou placé dans un établissement d'éducation ou de réforme. S'il est placé dans un établissement, il y sera maintenu aussi longtemps que l'administration préposée à l'établissement le jugera nécessaire, sans toutefois qu'il puisse être détenu au delà de sa vingtième année. » Ainsi, le législateur allemand laisse à l'Administration le soin d'apprécier elle-même à quelle époque l'amendement de l'enfant rendra son internement inutile. Le législateur français, qui se préoccupe depuis plusieurs années de la revison de notre article 66, ferait bien, selon nous, d'adopter une disposition analogue.

Dès à présent, les tribunaux français peuvent laisser l'Administration pénitentiaire libre de fixer la durée de l'internement; il leur suffit de

prononcer l'envoi en correction jusqu'à vingt
ans. L'Administration française ne tient pas à
faire de vaines dépenses en détenant un enfant
qui peut être placé en apprentissage isolément et
sans frais; elle ne songe pas non plus à exploiter
le travail des jeunes détenus comme un produit
dont l'État doive tirer profit; le seul but qu'elle
se propose est de moraliser son pupille et de le
rendre à la vie libre et normale, dès qu'il n'y a
plus le danger à courir ni pour la société ni pour
l'enfant.

D'ailleurs, l'envoi en correction à très court
terme présente à peu près les mêmes inconvénients que la correction paternelle.

Si l'enfant est envoyé en correction pour un,
deux ou trois ans, l'Administration peut le placer
dans une de ses écoles, tenter de le réformer et
de le moraliser; mais son œuvre peut n'être pas
achevée quand sonnera l'heure de la libération
définitive.

De plus, l'Administration, tout en moralisant
l'enfant, doit se préoccuper de son avenir; elle
doit le mettre à même de gagner honorablement
sa vie; or l'apprentissage d'un métier exige parfois plusieurs années.

Des sociétés de patronage auraient désiré placer cet enfant isolément chez un patron, en le laissant sous la tutelle administrative. Cette tutelle leur eût permis de maintenir l'enfant en place par la crainte d'être réintégré, en cas de faute, dans une école correctionnelle, et d'écarter des parents indignes qui voudraient le détourner de ses devoirs ou s'emparer de son salaire. Ces sociétés hésitent à accomplir leur œuvre bienfaisante, lorsqu'elles savent que l'action tutélaire de l'Administration leur fera défaut au bout de quelques mois. Si cet enfant, même après avoir terminé son apprentissage, retombe sans protection dans le milieu où il s'était perdu deux ou trois ans auparavant, une nouvelle chute est à craindre, et cette chute entraînerait le majeur de seize ans dans une série de condamnations.

L'envoi en correction jusqu'à vingt ans présente de réels avantages. Les enfants qui sont l'objet de cette mesure deviennent, aux termes de la loi du 5 août 1850, les pupilles de l'État. L'Administration pénitentiaire les détient ou les libère à son gré, et elle les détient, non pas dans des prisons, mais dans des maisons spé-

ciales d'éducation appelées colonies pénitentiaires ou maisons correctionnelles.

C'est la charité privée qui avait donné l'exemple en créant, en 1839, l'école de Mettray.
MM. de Metz et de Courteilles, les fondateurs,
avaient certes la pensée de faire œuvre d'humanité, car ils se proposaient de moraliser par le
travail agricole et par une éducation quasi fami-
liale les enfants vicieux de Paris. Leur œuvre a
été imitée non seulement en France, mais à
l'étranger; en France, après Mettray sont venues
les colonies du Val d'Yèvre, de la Loge, de
Saint-Ilan, fondées par MM. Lucas, Arnauld-
Dalifol et Duclézieux. Ce mouvement chari-
table ne s'est pas arrêté et a produit d'excellents
résultats.

A l'heure actuelle, toutes les colonies de
jeunes détenus n'appartiennent pas à l'État, mais
elles sont toutes soumises à sa direction. L'État
ne possède en propre que six colonies de garçons et deux colonies de filles. S'inspirant de ce
mot de M. de Metz : « En fait d'éducation, il y
a des bons marchés qui ruinent, comme il y a des
sacrifices qui enrichissent », il n'a négligé aucune
dépense pour fonder ces maisons, qui sont des-

tinées à servir de modèles à tous les établissements d'éducation correctionnelle.

Les autres colonies appartiennent à des personnes ou à des sociétés charitables; l'éducation
y est donnée tantôt par un personnel laïque,
tantôt par un personnel congréganiste; des colonies spéciales sont réservées aux protestants et
aux israélites.

Avant de diriger un jeune garçon sur un établissement public ou privé, l'Administration le
garde en observation pendant quelque temps,
constitue son dossier, étudie son tempérament,
son caractère, ses aptitudes.

Si la santé de l'enfant a été compromise par
de funestes habitudes contractées dans un milieu
corrupteur, elle l'envoie à la campagne dans une
ferme-école; l'enfant trouvera dans le travail des
champs une fatigue salutaire, et dans la vie au
grand air le développement de ses forces.

Si l'enfant est vigoureux, s'il a des aptitudes
pour les travaux industriels, il sera placé dans
un atelier.

S'il désire entrer dans la marine, il pourra
être dirigé sur la colonie de Belle-Isle en Mer,
qui est, comme nous l'avons dit, une école de

mousses recevant les enfants voulant être
marins.

L'inconvénient qui résulte, au point de vue
moral, de la réunion d'enfants vicieux, est atté-
nué par la division de ces enfants en catégories
distinctes, suivant l'âge ou la moralité. Ainsi
deux colonies sont affectées spécialement aux
jeunes détenus catholiques qui entrent dans le
service à l'âge de cinq à douze ans : ce sont
les colonies de Saint-Éloi et de Saint-Joseph,
dans lesquelles les religieuses donnent aux petits
garçons une éducation toute maternelle, tandis
qu'un professeur d'agriculture et d'autres maîtres
viennent du dehors leur apprendre un métier.
Les petits protestants sont confiés aux dames de
Sainte-Foy. Les jeunes détenus de douze à seize
ans sont répartis dans les différentes colonies,
ainsi que nous l'avons expliqué plus haut; les
plus difficiles à corriger sont répartis dans cinq
établissements, dits quartiers correctionnels.

Quant aux filles, elles sont placées de même,
selon leur tempérament et leurs aptitudes, dans
des écoles professionnelles et ménagères, parfois
agricoles. Toutes ne sont pas sans mériter de
critiques, mais il convient de se souvenir que

les deux établissements laïques qui appartiennent à l'État sont de fondation récente et ont eu à traverser une période de tâtonnements administratifs.

Les colonies s'efforcent d'avoir le caractère d'écoles agricoles; les travaux au grand air sont favorables à la santé, et sont des auxiliaires puissants de moralisation. Les leçons de morale ne cessent d'être données au cours de tous les enseignements. Pour les garçons, la gymnastique et les exercices militaires viennent s'ajouter aux programmes.

L'éducation intellectuelle est, en général, satisfaisante. L'instruction primaire est donnée d'une manière aussi complète que possible aux enfants qui, pour la plupart, arrivent dans les colonies complètement illettrés. Quant à l'instruction professionnelle, elle fait l'objet des plus vives préoccupations de l'Administration. Il ne suffit pas, en effet, de réformer de mauvaises natures, il faut mettre chaque enfant à même de gagner sa vie, lorsqu'il sera libéré. La maison de Darnetal, école agricole et ménagère de filles près Rouen, fait l'admiration de ceux qui la visitent; le gouvernement italien a invité les religieuses qui la dirigent à fonder en Italie un établissement analogue. L'instruction ménagère est donnée de la manière la plus complète à toutes les détenues ; l'instruction agricole et horticole est soigneusement donnée aux filles d'origine rurale ; ces jeunes filles se livrent à tous les travaux agricoles sans exception, et vont elles-mêmes porter au marché leur beurre, leur fromage, leurs primeurs, etc. ; elles obtiennent des récompenses dans tous les concours d'agriculture de la contrée et sont très recherchées dans le pays au moment de leur libération ; elles deviennent d'excellentes fermières.

En somme, les garçons et les filles qui ont commis des délits avant l'âge de seize ans et qui ont été placés sous la tutelle de l'Administration pénitentiaire pour plusieurs années, reçoivent ordinairement, grâce à la loi de 1850, grâce à la charité privée, et aussi aux efforts incessants de l'Administration, une éducation qui les redresse, et un enseignement professionnel qui leur permet de vivre honorablement après leur libération.

Un stimulant très efficace pour hâter l'amendement du jeune détenu, est l'espoir qui lui est donné d'obtenir, par son travail et sa bonne conduite, la libération provisoire. Aussitôt qu'il peut être placé isolément, des sociétés de bienfaisance, agréées par l'Administration, le prennent sous leur patronage et achèvent son éducation morale et professionnelle.

L'enfant jouit alors d'une liberté plus grande qu'à l'école ; il apprend à connaître la valeur du travail ; il fait réellement l'apprentissage de la vie ; il n'est plus un jeune détenu, mais il sait qu'il reste sous la tutelle de l'Administration pénitentiaire et qu'il peut être réintégré à l'école, s'il abuse de sa liberté pour se mal conduire.

Lorsque les parents de l'enfant sont honorables, la Société de patronage s'efforce de renouer les liens de la famille, un instant brisés par l'inconduite de l'enfant. Si les parents sont indignes, la Société évite à l'enfant leurs mauvais conseils et leurs pernicieux exemples.

Nous sommes d'avis qu'il est bon de reprendre les enfants en liberté provisoire le plus tôt possible. Un grand nombre d'entre eux pourraient être placés isolément un mois après qu'on aurait prononcé contre eux l'envoi en correction. Ils passeraient ce mois dans une cellule où ils pourraient faire de salutaires réflexions, en

16

même temps qu'on étudierait leur tempérament
et leurs aptitudes; puis ils seraient mis en
apprentissage et patronnés par des sociétés de
bienfaisance. On ne les enverrait dans les établissements pénitentiaires que s'ils donnaient de
nouveaux sujets de plainte.

L'utilité des Sociétés de patronage des jeunes
détenus ne saurait être mise en doute. Quand
un enfant est libéré, s'il ne retrouve point sa
famille, ou si cette famille est malhonnête, il
éprouve les plus grandes difficultés pour se procurer un emploi. Il a beau connaître le métier
qu'il veut embrasser, il se heurte au refus des
patrons, qui tiennent à savoir où il a fait son
apprentissage, et qui ne veulent pas d'un enfant
sortant de prison. Il est indispensable de venir
en aide à ce malheureux, de lui procurer de l'ouvrage et d'encourager ses premiers efforts.

C'est ce que font, en France, un grand nombre
de Sociétés de patronage; une de celles qui méritent une mention spéciale, est la Société de
protection des engagés volontaires, fondée en
1878 par M. Félix Voisin, conseiller à la Cour
de cassation. Cette société a obtenu, en quelques
années, de merveilleux résultats : on est surpris

de voir que des officiers ont été élevés dans des colonies pénitentiaires. L'action de cette œuvre est parfois paralysée, lorsque l'enfant n'a été envoyé en correction que jusqu'à dix-huit ans; en effet, la tutelle de l'État cesse au moment précis où l'engagement dans l'armée devient possible et où l'autorisation d'un tuteur est nécessaire; au lieu de s'adresser au préfet du département, qui eût volontiers donné cette autorisation, la Société de patronage est forcée de recourir à des parents qui sont parfois difficiles à retrouver ou qui marchandent leur consentement.

Un exemple peut faire ressortir la supériorité de l'envoi en correction jusqu'à vingt ans sur l'envoi à court terme. Kaps, cet assassin qui fut guillotiné à l'âge de dix-neuf ans, au mois de décembre 1889, avait été, à treize ans, envoyé en correction pour six mois; cela ne l'avait pas corrigé. Il a vagabondé, volé, assassiné; les condamnations ont suivi la même gradation. Si Kaps, à treize ans, avait été envoyé en correction jusqu'à vingt ans, il eût été, au mois de décembre 1889, sous les drapeaux, porteur d'un casier judiciaire intact.

Les théories que nous venons d'exposer sont appliquées journellement par le Tribunal de la Seine; mais il n'en a pas toujours été ainsi. De 1888 jusqu'à la fin de 1889, pour des raisons que nous donnerons plus loin, le Tribunal de la Seine, suivant les errements de plusieurs tribunaux de province, prononçait fréquemment des condamnations, des envois en correction à court terme, et croyait servir les intérêts de l'enfant en préférant ces mesures à l'envoi en correction jusqu'à vingt ans. M. Flandin, alors substitut du procureur de la République, signalait le mal en 1888 et concluait ainsi :

« Il faudrait un retour à la stricte exécution de la loi pénale et, de la part des magistrats, moins de préventions contre l'application de la mise en correction jusqu'à dix-huit ou vingt ans, puisque cette mise en correction se transforme, en réalité, en un patronage surveillé.

« L'état social y gagnerait, car nous aurions moins de récidivistes et moins de jeunes condamnés, qui ne sortent de prison que pour reconstituer des bandes de malfaiteurs. La procédure criminelle se trouverait simplifiée, puisque, dans le cas d'une nouvelle arrestation, il suffirait au substitut de service de consulter les sommiers et de faire réintégrer immédiatement le patronné dans les liens du jugement correctionnel. Enfin, l'enfance indisciplinée et coupable n'y perdrait rien, puisqu'à la flétrissure résultant d'une condamnation correctionnelle inscrite sur le casier, on substituerait l'école d'apprentissage et la vie de famille chez le patron. »

Quelques mois plus tard, le 4 janvier 1889, M. le garde des sceaux adressait une circulaire aux procureurs généraux pour les inviter à l'application de ses principes, et le Tribunal de la Seine, vivement sollicité par les partisans de ces doctrines, et notamment par M. le conseiller Voisin et par M. Herbette, alors directeur de l'Administration pénitentiaire, entrait résolument dans la voie tracée par la circulaire ministérielle.

Les enfants eux-mêmes, sous l'inspiration de leur avocat, avaient fini par comprendre les avantages de l'éducation pénitentiaire sur les condamnations et avaient sollicité hardiment l'application de nos principes. Georges D..., par exemple, en avril 1889, fit appel d'une condamnation à vingt-quatre heures de prison, après

16.

avoir subi cette peine, afin de la faire effacer de
son casier judiciaire. Blanche S... interjeta appel
d'une condamnation ` deux mois de prison pour
vol, et sollicita et obtint de la Cour son acquitte-
tement comme ayant agi sans discernement,
suivi d'envoi en correction jusqu'à vingt ans.
Berthe L... interjeta appel d'un jugement qui
l'acquittait, mais qui l'envoyait en correction
pour six mois, et obtint de la Cour son envoi en
correction jusqu'à vingt ans.

Il a de même été facile de faire comprendre
aux petits mendiants, âgés de plus de dix ans, le
parti qu'ils pourraient tirer de l'article 66 du
Code pénal. Les lois du 7 décembre 1874 et du
24 juillet 1889 permettent de prononcer la déchéance paternelle à l'égard des parents qui emploient leurs enfants à la mendicité; mais ces
lois sont d'une application difficile. Si les enfants
dénoncent leurs parents, au risque des plus
dures corrections, le magistrat suspecte souvent
leurs déclarations, en présence des dénégations
énergiques des parents; si les enfants se taisent,
le magistrat ne peut trouver la preuve du délit
d'emploi d'enfant à la mendicité. Les enfants
qui veulent se soustraire aux mauvais traitements

et à l'exploitation dont ils sont l'objet, trouvent fort simple de s'accuser eux-mêmes du délit de mendicité et de solliciter leur envoi en correction jusqu'à vingt ans. Plusieurs petites bouquetières et petits mendiants parisiens se sont ainsi bien gardés d'accuser publiquement leurs parents, mais ont appelé sur eux-mêmes la protection de l'Administration pénitentiaire. Inutile de dire que ces malheureux enfants devraient pouvoir être immédiatement remis en liberté provisoire et solliciter l'appui des œuvres de patronage.

Pour ne plus effrayer par le prononcé de ses jugements ni l'enfant ni le public, la chambre du Tribunal de la Seine devant laquelle les enfants sont traduits a pris l'heureuse habitude, lorsqu'elle envoie un enfant en correction jusqu'à vingt ans, d'employer la formule suivante : « Le Tribunal décide que X... sera placé, jusqu'à vingt ans, sous la tutelle administrative. » C'est, du reste, la véritable traduction de la pensée du législateur.

Depuis deux ans, à Paris, la population des enfants confiés aux Sociétés de patronage augmente rapidement, les bienfaits de la libération provisoire se font sentir. Les enfants retirés,

placés isolément, guidés par les conseils éclairés
de personnes charitables, gardent une conduite
régulière et sont retenus dans la bonne voie par
la crainte d'être de nou　　　'tenus. Pour les
garçons, la Société de protection des engagés
volontaires achève leur régénération et leur fait
conquérir dans la société la place qui leur semblait à jamais refusée.

Si les tribunaux français suivaient tous
l'exemple donné aujourd'hui par le Tribunal de
la Seine, la France devrait sans doute consacrer
des sommes plus importantes à l'éducation des
jeunes délinquants, mais elle ne regretterait pas
ces dépenses, car elle verrait s'accroître sa population laborieuse et honnête et diminuer d'autant sa population criminelle. Elle dépenserait
moins pour entretenir des malfaiteurs en prison
ou pour les reléguer ; elle n'aurait plus le cruel
devoir de « supprimer des assassins mineurs de
vingt ans ».

ASSISTANCE PUBLIQUE

ET PRIVÉE

Au commencement de ce siècle, au moment de la promulgation de l'article 66 du Code pénal, les établissements d'éducation correctionnelle n'existaient pas. Les maisons de correction n'étaient autres que les prisons communes, où les enfants étaient exposés aux pires promiscuités. Il en fut ainsi jusque vers 1835. C'est seulement à cette époque que la charité privée fit faire un grand pas à la question de la moralisation des enfants coupables. En effet, à ce moment, de généreux philanthropes, MM. de Metz et de Courteilles, fondèrent la colonie pénitentiaire de Mettray. Le but qui fit créer ce premier établissement correctionnel était purement humanitaire : il s'agissait, pour les fondateurs, de réunir un certain nombre d'enfants vicieux, et de

chercher à les moraliser par les travaux agricoles, ainsi que par une discipline à la fois bienveillante et ferme.

D'autres philanthropes fondèrent de nouveaux
établissements du même genre que celui de Mettray. L'État enfin, voyant les excellents résultats
obtenus par la charité privée, se décida à intervenir dans la question, se rendit acquéreur
d'une colonie d'abord privée, celle du Val
d'Yèvres, fondée par Charles Lucas, et en créa
de nouvelles.

A ce moment, nos maisons correctionnelles
firent l'admiration de l'étranger, et leur organisation fut imitée dans différentes contrées d'Europe.

Sous le second Empire, les choses restèrent à
peu près dans le même état; mais à peine la
République était-elle proclamée, qu'un remar-
quable mouvement de l'opinion publique se pro-
duisit. C'est ce mouvement et ses résultats que
nous nous proposons d'examiner et de discuter
avec quelque détail.

Peu après les fatales années 1870-1871, alors
que les blessures faites par la guerre étrangère et
la guerre civile étaient encore récentes, des

hommes au cœur généreux qu'animait l'amour
de l'humanité, de bons Français, soucieux avant
tout de la régénération de leur pays, s'unirent
pour chercher les moyens de transformer les
enfants vicieux en honnêtes gens, ainsi qu'en
bons et utiles citoyens, et les maisons de correction leur parurent peu propres à cette amélioration. Il faut bien reconnaître qu'il y avait alors
quelque fondement dans les attaques qui furent
dirigées contre les établissements pénitentiaires.
Quand ils avaient été fondés, ils constituaient
un tel progrès sur le système en vigueur auparavant, qu'ils avaient pu être justement admirés en
France et en Europe; mais un certain temps
s'était écoulé depuis leur création, et l'on était
bien loin d'y avoir introduit toutes les améliorations désirables. Ainsi que nous l'avons dit plus
haut, la population française, absorbée sous le
second Empire par des intérêts d'un autre genre,
était restée assez longtemps sans s'occuper
sérieusement de la protection et de la correction
de l'enfance, et les établissements pénitentiaires,
abandonnés à eux-mêmes, avaient pris peu à
peu, du moins certains d'entre eux, l'air de véritables prisons. De plus, la mesure de la libéra-

tion provisoire n'était appliquée que rarement,
car il n'existait alors qu'un très petit nombre de
sociétés de bienfaisance résolues à patronner et
à surveiller les enfants ainsi relâchés.

Or l'idée d'être enfermés pendant plusieurs
années sans sortir, dans un pensionnat, même
modèle, suffirait à affoler la plupart de nos
enfants à nous, habitués pourtant au travail et
à une vie régulière. Nous pouvons donc comprendre combien la perspective d'être détenus
jusqu'à vingt ans accomplis, dans une maison à
discipline rigoureuse, devait désoler et exaspérer
de petits vagabonds rebelles à tout travail suivi,
et amoureux avant tout de leur liberté. Pourquoi, enfin, ces enfants se seraient-ils amendés,
puisqu'une conduite exemplaire ne leur aurait
pas fait ouvrir plus tôt la porte de la prison?
Il aurait fallu qu'ils devinssent bons, en quelque
sorte, pour l'amour de l'art, et franchement on
ne pouvait guère exiger une semblable vertu de
petits malheureux dans leur situation.

Il était donc excellent d'attirer l'attention sur
les établissements correctionnels, afin d'y faire
apporter quelques réformes et quelques adoucis-
sements; mais l'opinion publique, toujours por-

tée aux revirements extrêmes, au lieu de suivre les sages conseils de M. Voisin, alors député à l'Assemblée nationale, rapporteur d'un projet de loi modifiant la loi de 1850, pensa qu'il serait plus simple et plus avantageux de les supprimer complètement. De plus, on jugea trop grande la sévérité montrée envers les enfants coupables, qui ne sont souvent que des enfants malheureux; on s'indigna contre la flétrissure du jugement qui leur était imposée, et contre la cruauté qu'il y avait à les enfermer pendant toute leur adolescence dans des sortes de prisons, à la sortie desquelles ils seraient regardés avec presque autant d'effroi et de réprobation que des condamnés venant de quitter la maison centrale ou le bagne.

Là encore ce fut, comme d'habitude, la charité privée qui prit les devants. M. Bonjean créa, de 1876 à 1880, des colonies particulières où les enfants, vicieux ou d'un caractère difficile, pouvaient être placés sans avoir à subir aucun jugement. Le conseil général suivit en partie cet exemple en fondant, en 1881, le service des moralement abandonnés.

S'inspirant de cette idée, dont l'exactitude est

17

malheureusément loin d'être démontrée, que
tous les enfants naissent bons et ne sont corrompus que par les mauvais exemples et les mauvais conseils, il pensa qu'il suffisait d'enlever
ces petits êtres à des parents indignes et de les
placer dans un milieu sain pour provoquer leur
amélioration immédiate. Repoussant l'idée d'ag-
glomérer ces nouveaux assistés dans des colonies, elle chercha à les protéger par le placement isolé ou le placement par petits groupes.
A partir de 1881, le tribunal de la Seine trouva
commode de ne plus prononcer de jugements
contre les jeunes délinquants, sauf de rares
exceptions, et de les confier à l'Assistance publique de Paris, qui allait décharger l'État de la
tâche que lui imposait jusque-là l'article 66 du
Code pénal; mais l'Assistance dut bientôt perdre
ses illusions, car un grand nombre de ses nouveaux pupilles commirent encore des méfaits, en
entraînant parfois au mal les honnêtes petits
paysans avec lesquels on les avait placés, et dont
le contact était supposé devoir déterminer leur
amendement rapide. C'est alors qu'elle se décida
à fonder de son côté une sorte de maison de correction indépendante de l'État, afin d'y loger

ceux de ses pensionnaires dont les vices ne pouvaient être détruits par une simple éducation campagnarde; ses essais de ce côté ne furent pas très heureux, et en 1886, à la suite des incidents de Porquerolles, elle se décida à remettre sur le pavé une certaine quantité d'enfants qui eussent dû être confiés à l'Administration pénitentiaire.

Reconnaissons donc enfin que, dans l'état actuel de la société, il y a de malheureux enfants qui, à quatorze ou quinze ans, sont déjà trop profondément vicieux pour que le placement isolé dans un milieu sain puisse suffire à les ramener au bien. Cherchons ensuite pourquoi, la nécessité d'établissements correctionnels étant admise, les colonies pénitentiaires appartenant à l'État ou soumises à son contrôle sont toujours préférables aux colonies privées du même genre.

Lorsqu'un enfant est détenu dans une maison de correction privée, il sait fort bien que la loi ne sanctionne pas son internement. Il réfléchit aux moyens de recouvrer sa liber   et songe d'abord à s'évader, sûr de n'avoir jamais à ses trousses que le personnel de l'établissement, mais non point les gendarmes et toute la police. Admettons pourtant qu'il soit trop bien surveillé

pour pouvoir mettre son projet à exécution. Il
s'exaspère de plus en plus, et prend là résolution
de devenir si insubordonné qu'on sera bien forcé
de le renvoyer. C'est ce qui arrive en effet, et,
au bout de quelque temps, le directeur de l'établissement se décide à mettre dehors ce pensionnaire récalcitrant dont on ne peut rien faire.

Au contraire, si l'enfant est placé dans une
maison de correction dépendant de l'État, il sait
qu'en cas de fuite il serait traqué par la police,
et aurait ainsi peu de chances de réussir à aller
bien loin. De plus, il est persuadé que sa mauvaise conduite ne servira pas à le faire renvoyer,
mais simplement à le faire enfermer dans une
petite cellule où il restera seul à se morfondre,
jusqu'à ce qu'il paraisse revenu à de meilleurs
sentiments.

Les établissements soumis au contrôle de
l'État offrent encore d'autres avantages. Prenons
par exemple Sainte-Anne d'Auray, dont une
partie est soumise à ce contrôle en recevant des
filles envoyées en correction, et dont l'autre
reçoit des pensionnaires qui y sont envoyées et
maintenues par la charité privée.

L'État, pouvant toujours jouir de plus grandes

ressources que des particuliers, payé des pensions un peu plus fortes. Le personnel du couvent est donc porté à faire travailler davantage
les autres pensionnaires. De plus, l'État envoie
très souvent des inspectrices qui vérifient si les
enfants à sa charge ne sont pas exploitées, si
on les instruit suffisamment, si on leur apprend
à exécuter des travaux variés. Au contraire, les
fillettes placées dans la maison par la charité
privée risquent fort de se voir obligées à faire
toujours les mêmes ouvrages, afin qu'elles y
arrivent à peu près à la perfection et rapportent
ainsi une somme d'argent compensant la faiblesse des pensions payées pour elles. Enfin,
l'État est toujours sûr d'obtenir les modifications
qu'il demande en menaçant de retirer les enfants,
qu'il pourrait facilement placer ailleurs, et dont
la perte serait fâcheuse pour le couvent.

Ajoutons enfin qu'il faut un personnel tout
spécial pour corriger les enfants vicieux. Ceux
que l'on charge de cette besogne délicate doivent
avoir subi un apprentissage spécial; il faut qu'ils
apprennent à discerner les actes violents n'indi-
quant qu'un égarement passager de ceux qui,
tout en ayant des conséquences moins graves,

témoignent d'une perversité profondément enra-
cinée.

Il faut qu'ils se gardent bien d'appliquer les
mêmes moyens de correction à tous les enfants ;
qu'ils traitent différemment les natures passionnées, capables de porter dans le bien une ardeur
semblable à celle qu'elles portent dans le mal, et
les natures molles, toujours à la merci d'influences étrangères. Or l'État peut seul réunir
facilement un semblable personnel; s'il n'y
arrive pas toujours, que pourront à plus forte
raison faire les particuliers?

Résignons-nous donc à remettre à l'État les
enfants vicieux pour être placés sous la tutelle
de l'Administration pénitentiaire, en faisant toutefois des vœux pour qu'une légère modification
législative permette d'atteindre cette solution
sans que les enfants subissent un jugement correctionnel les mettant, à l'audience publique,
en contact avec des adultes délinquants ou
criminels.

Quant aux enfants âgés de moins de huit ans,
quant aux enfants même plus âgés qui sont
simplement malheureux et n'ont fait preuve
d'aucune perversité, il est évident qu'il n'est pas

nécessaire et qu'il serait même nuisible de les confier à l'Administration pénitentiaire. Nous ne pouvons qu'applaudir aux efforts tentés par l'Assistance publique et par la charité privée en ces dernières années pour les protéger.

En 1888, à la suite d'un émouvant appel lancé par Mmes de Barrau et Kergomard, nous avons vu apparaître l'Union française pour le sauvetage de l'enfance, société présidée par l'illustre philanthrope M. Jules Simon. Elle a pris pour mission de venir en aide aux enfants martyrs, aux enfants de parents indignes.

Le 24 juillet 1889, la loi sur la déchéance paternelle, si laborieusement préparée par M. Théophile Roussel, a donné à l'Assistance publique la tutelle des enfants de parents déchus.

En 1890, deux nouvelles œuvres se sont fondées à Paris en vue de protéger d'une manière générale les enfants en danger moral : l'une, le Comité de la défense des enfants arrêtés ou traduits en justice, étudie les diverses questions relatives à la protection de ces enfants et sollicite l'action du législateur ou des autorités publiques en leur faveur; l'autre, le Patronage de l'enfance et de l'adolescence, est une œuvre

pratique destinée à appliquer les principes
exposés dans notre travail et à protéger par tous
les moyens possibles, conformément à la législation en vigueur, les enfants qu'elle va chercher
dans les prisons ou qui lui sont signalés par des
personnes charitables ou des administrations.

C'est avec le concours et l'entente amicale de
ces diverses œuvres d'assistance publique ou
privée que, peu à peu, nous pouvons espérer voir
triompher définitivement les principes que nous
invoquons en faveur du relèvement moral de
l'enfance.

CONCLUSION

Tout adolescent a une période critique à traverser, pendant laquelle les défaillances morales
le guettent. C'est l'époque où il échappe à la
direction du maître d'école sans retomber sous
l'autorité efficace du père, l'époque où la puberté
des sens annonce et précède celle de la raison.

Pour les enfants du peuple, cette période
coïncide avec l'entrée en apprentissage ; pour les
fils de la bourgeoisie ou de l'aristocratie, elle
date de la sortie du lycée. Les meilleurs même
ont à ce moment une soif d'indépendance, un
besoin d'activité, un désir de jouissances qui ne
va pas sans quelque trouble jusqu'à l'heure où,
la volonté victorieuse, l'adolescent prend sa conscience pour guide et devient son propre pré-
cepteur.

Nous avons montré combien étaient nom-

breuses les causes de chute, et quelle part en
revenait aux vices de notre organisation sociale.
Si donc, au lecteur qui a bien voulu nous suivre
jusqu'au bout de ces pages, nous posons cette
question :

La société fait-elle tout ce qu'elle doit pour
éviter la prison aux enfants?

Nous croyons qu'avec nous il répondra :

Non!

Or il importe en pareil cas de ne pas remettre
au lendemain ce qu'on peut faire le jour même.
Il le faut, non pas seulement parce que c'est juste,
non pas seulement parce que c'est moral, mais
parce que c'est utile.

Chaque enfant auquel nous refusons protection
deviendra un réfractaire. C'est un loup que nous
préparons à la bergerie.

Si demain il fait payer à ses semblables son
arriéré d'injustices, s'il vole, s'il tue, il ne dira
pas : « Je commets un crime » ; il dira : « J'use de
représailles. »

La résignation n'est plus de notre siècle, il
serait puéril de l'escompter.

Donc en étant équitables nous serons pru-
dents.

Sans doute ce n'est pas par voie de tâtonnements, par essais successifs qu'on peut acquérir
une législation complète pour le règlement des
multiples questions relatives à l'enfance; mais
nous pensons avoir démontré que, sans refondre
nos lois, et avec quelques modifications de procédure ou de règlements administratifs, on pourrait déjà obtenir des améliorations appréciables.

Si nos idées paraissent pratiques, nous serions
heureux de leur avoir gagné quelques prosélytes.
Ce sera la meilleure récompense de cet ouvrage.

TABLE DES MATIÉRES

PARIS

TYPOGRAPHIE DE F. PLON, NOURRIT ET Cie

Rue Garancière, 8.

A LA MÊME LIBRAIRIE

La Loi dans ses rapports avec la famille. Lectures populaires sur la loi civile, par MM. G. Dabaxcour et A. Petois. Un vol. in-18. Prix. . . . . **1 fr. 50**

Le Paupérisme, ses causes; moyens de le prévenir, de le soulager ou de le réduire, par E. Caroc. Un vol. in-18. Prix. . . . . **5 fr.**

Histoire des enfants abandonnés, depuis l'antiquité jusqu'à nos jours. Le Tour, par Ernest Semichon, avocat, ancien conseiller général, ex-inspecteur des Enfants assistés de la Seine-Inférieure. Un vol. in-18. Prix. . . . . **3 fr. 50**

Science et Vérité, par le Dr J.-B.-L. Decès, précédé d'un sommaire et suivi d'une table analytique. Un vol. in-8° carré. Prix. . . . . **7 fr. 50**

Le Socialisme d'État et la Réforme sociale, par Claudio Jannet, professeur d'économie politique à l'Institut catholique de Paris. Un vol. in-8°, 2e édition. Prix. . . . . **7 fr. 50**

Les Questions vitales, par Léon Lefébure, ancien député. Un vol. in-8°. Prix. . . . . **6 fr.**

La Vie morale et intellectuelle des ouvriers, par M. Eugène Talon, ancien député, membre de la Commission supérieure du travail des enfants dans l'industrie. 2e édition. Un vol in-18. Prix. . . . . **5 fr.**

La Démocratie et ses conditions morales, par le vicomte Philibert d'Ussel. 1 vol. in-18. Prix. . . . . **3 fr. 50**
(Ouvrage couronné par l'Académie des sciences morales et politiques.)

Lettres à un matérialiste, sur la pluralité des mondes habités et les questions qui s'y rattachent, par J. Boiteux. 3e édition refondue. Un vol. in-18. Prix. . . . . **4 fr.**

Le Caractère, par S. Smiles, traduit de l'anglais par madame G. Deshorties de Beaulieu. 2e édition. Un vol. in-18. Prix. . . . . **4 fr.**

Voyage d'un jeune garçon autour du monde, par S. Smiles, traduction par madame C. Deshorties de Beaulieu. 3e édition. Un vol. in-18 illustré. Prix. . . . . **3 fr.**

PARIS. TYPOGRAPHIE DE E. PLON, NOURRIT ET Cie, RUE GARANCIÈRE, 8.

www.ingramcontent.com/pod-product-compliance
Lightning Source LLC
Chambersburg PA
CBHW050509270326
41927CB00009B/1962